WORKBOOK
FOR

PUNTOS DE PARTIDA
An Invitation to Spanish

WORKBOOK FOR

PUNTOS DE PARTIDA
An Invitation to Spanish

Alice A. Arana
California State University, Fullerton

Oswaldo Arana
California State University, Fullerton

RANDOM HOUSE   NEW YORK

Original art by Barbara Reinertson

First Edition

98

ISBN: 0-394-32629-6

Manufactured in the United States of America

This book was developed for Random House by Eirik Børve, Inc.

INTRODUCTION

This *Workbook* is designed to accompany *Puntos de partida*, published by Random House, Inc., 1981.

It provides a variety of additional exercises to reinforce, in written form, the vocabulary and structures presented in the basic text. Within each chapter, an exercise sequence progresses from mechanical, fill-in exercises to guided compositions. For ease of identification, the exercises appear under the same headings as in *Puntos de partida*. Once a section has been presented in the textbook, the instructor can assign the same section in the workbook and be assured that no new vocabulary or structures from other sections of that chapter are introduced. All translation exercises can be done with the English-Spanish Vocabulary in *Puntos de partida*.

The *Workbook* has several other features worth noting. (1) Answers are provided at the back of the *Workbook*, so that students may check their answers as often as necessary. (2) Verb charts, *Repaso de verbos*, appear at the end of Chapters 10, 15, and 19. These charts are summaries of the verb tenses that students have studied up to those chapters in the text. As students fill in the charts, they review--in a very mechanical, concise fashion--the tenses of regular Spanish verbs and the principal irregular verbs. (3) Many chapters end with a *Diversión* section, which gives the more imaginative students a chance to try their hand at crossword puzzles and other "brain teasers."

The authors would like to thank Marty Knorre for her comments and suggestions, and Thalia Dorwick for her assistance and careful editing of this *Workbook*.

Alice A. Arana
Oswaldo Arana

TABLE OF CONTENTS

Ante todo

SALUDOS Y EXPRESIONES DE CORTESÍA

A. Choose the most appropriate response to the following statements or questions.

_c_ 1. Muchas gracias.   a. Así, así, gracias, ¿y tú?

_a_ 2. ¿Qué tal?   b. Bien, gracias, ¿y usted?

_b_ 3. ¿Cómo está?   c. De nada.

_d_ 4. Adiós.   d. Hasta luego.

_f_ 5. Buenas noches.   e. José.

_e_ 6. ¿Cómo te llamas?   f. Muy buenas.

B. What would you say in the following situations? Choose your answer from the list on the right. Some items will not be used.

_b_ 1. It is 10:00 A.M. You see your instructor, Mrs. Fuentes.

  a. Buenas tardes, señora.

  b. Hola. ¿Qué tal?

_e_ 2. Your instructor asks how you are. You're feeling so-so.

  c. Con permiso.

_i_ 3. You greet a friend in the hall.

  d. ¿Cómo te llamas?

_g_ 4. You have just stepped on someone's foot.

  e. Así, así, gracias, ¿y usted?

  f. ¿Cómo se llama usted?

_h_ 5. A friend has just asked how you are.

  g. Perdón.

_k_ 6. Mrs. Ortega has just asked how you are.

  h. Bien, gracias, ¿y tú?

_f_ 7. You want to ask your new instructor what his name is.

  i. Buenos días, señorita.

  j. Buenos días, señora.

_c_ 8. You want to cross through a line of people.

  k. Muy bien, gracias, ¿y usted?

C. Give as many different responses as possible to the following statements or questions.

1. Buenas tardes. *Hasta Mañana* ¹⁾ *adiós,* ²⁾ *muy bien, gracias* ³⁾
2. ¿Qué tal? *así, así; muy bien, gracias, muy buenas*
3. Adiós. *Hasta luego, buenas tardes, buenas noche*
4. ¿Cómo te llamas? *Me llama Elena*
   Me llama Señora Vass.

FRASES ÚTILES

Fill in the blanks with the word or phrase that best expresses the English equivalents.

1. I have a question.

   Tengo una ___*pregunta*___.

   a) respuesta   b) oración   c) pregunta

2. Read out aloud.

   ___*Escriban*___ en voz alta.

   a) Escriban   b) Lean   c) Contesten

3. Tell another student . . .

   ___*Dígale*___ a otro estudiante . . .

   a) Pregúntele   b) Dígale   c) Contéstele

4. —Excuse me. —Of course.

   —Con permiso. —___*Otra vez*___

   a) Cómo no.   b) Otra vez.   c) Por favor.

5. Open your books.

   ___*Abran*___ los libros.

   a) Cambien   b) Escuchen   c) Abran

6. How do you say "again" in Spanish?

   ¿Cómo ___*se dice*___ "again" en español?

   a) se dice   b) se repite   c) se pregunta

7. Change the verb.

   ___*Cambie*___ el verbo.

   a) Dé   b) Dígale   c) Cambie

Capítulo 1

VOCABULARIO: PREPARACIÓN

A. Review: *Ante todo.* Give the most appropriate response for the following situations.

1. You are in a department store. You want to attract the clerk's

   attention. You say: _____Perdón_____

2. You greet your friend Paco one morning. You say:

   Buenas Días, _¿Cómo está?_

3. You are on your way home at 10:00 P.M. Your neighbor, Mr. Rodríguez,

   greets you and you answer: _Buenas noches, Señor Rodríguez_

4. You wish to be excused from the dinner table. You say:

   Con permiso, señor/señoras —

5. You accidentally step on someone's toes in a crowded elevator. You

   say: _____perdón_____

6. It's 4:00 P.M. You see your instructor, Miss Córdova, and greet her.
   You say: _Buenas (tardes) Señorita Córdova. ¿Cómo está?_

B. Identify the person, place or object shown in each drawing. Check spelling and accents carefully.

Ejemplo:

_____el libro_____

1. _la librería_

2. _el profesor_

3. _la estudiante_

4. _el bolígrafo_

5. _el lápiz_

6. _el diccionario_

7. _el biblioteca_

8. _el dinero_

9. _la casa_

C. Circle the item that does not belong in each series of words.

1. la consejera / la profesora / (el cuaderno) / la estudiante

2. las matemáticas / la sicología / la historia / (la mesa)

3. el papel / el lápiz / (el dinero) / el bolígrafo

4. el diccionario / el libro / el cuaderno / (la persona)

5. la consejera / el estudiante / (la tarde) / el secretario

6. la oficina / (el papel) / la universidad / la biblioteca

7. el inglés / las ciencias / el español / (la oficina)

MINIDIÁLOGOS Y GRAMÁTICA

1. Nouns and Articles: Gender and Number

A. Give the correct form of the definite article.

1. ____ niño   2. ____ libertad 3. ____ nación 4. ____ dependientes

5. ____ día   6. ____ mujeres   7. ____ clases 8. ____ hombre

B. Give the correct form of the indefinite article.

1. ____ niño   2. ____ libertad 3. ____ nación 4. ____ dependientes

5. ____ mujeres 6. ____ día   7. ____ clases 8. ____ hombre

C. Rewrite the phrases, making all items plural.

1. la clase   _____   5. un lápiz   _____

2. una noche   _____   6. una tarde   _____

3. el hombre   _____   7. un día   _____

4. la profesora _____   8. la universidad _____

D. Give the male or female counterpart of the following nouns.

Ejemplo: el secretario → <u>la secretaria</u>

1. el niño   _____

2. la profesora   _____

3. una consejera _____

4. el estudiante _____

5. una mujer   _____

6. un dependiente _____

E. Rewrite the sentences, substituting the nouns in parentheses for the italicized nouns and making any other necessary changes.

1. Hay un *consejero* en la oficina. (secretaria)

   _____

2. Hay unos *extranjeros* en la clase. (señoras)

   _____

3. Hay un *lápiz* en la mesa. (papeles)

   _____

4. Hay unas *profesoras* en la biblioteca. (estudiante)

   _____

2. *Subject Pronouns*

   A. What subject pronouns would you use to speak *about* the following persons?

   1. your girl friends   _____

   2. your brother   _____

   3. yourself   _____

   4. your friends, Eva y Juan   _____

   5. your male relatives   _____

   6. you *(fem.)* and your sister _____

   B. What subject pronouns would you use to speak *to* the following persons?

   1. your cousin Roberto   _____

   2. your friends   _____   _____
                             (in Spain)   *(in Latin America)*

   3. your instructors   _____

   4. the store clerk   _____

   5. your friend   _____   _____
                             (in Spain)   *(in Latin America)*

3. *Present Tense of -ar Verbs*

   A. Give the verb forms that correspond to the new subjects.

   1. Yo hablo.   Ellas _____

2. Tú y él bailan.   Nosotros _____

3. Él paga.   Ustedes _____

4. Ellas estudian.   El estudiante _____

5. Los estudiantes trabajan. Tú _____

6. Las profesoras enseñan. El señor Pérez _____

7. Ustedes regresan.   Yo _____

8. María busca la casa. Vosotros _____

B. Rewrite the sentences, making all possible items plural.

1. Él busca el lápiz. _____

2. No necesito regresar. _____

3. Ella desea tomar una cerveza. _____

4. Compra unos libros. _____

5. ¿Enseña Ud. alemán? _____

6. ¿Estudias francés? _____
          (in Latin America)

      _____
          (in Spain)

C. Answer the questions according to the model. Use subject pronouns to show emphasis. Note that the subject follows the verb in questions.

Ejemplo: ¿Trabajan o estudian Uds.? → <u>Nosotros trabajamos.</u>

1. ¿Baila o canta Pepe? _____

2. ¿Enseña inglés o francés el Sr. Baca? _____

3. ¿Desean Uds. trabajar o estudiar? _____

4. ¿Necesitas el dinero o el libro? _____

5. ¿Toma Ud. Coca Cola o cerveza? _____

D. Answer in the negative, according to the model.

Ejemplo: ¿Regresa Juan a casa? → <u>No, no regresa a casa.</u>

1. ¿Trabaja Ud. en una oficina?

_____

2. ¿Canta José Feliciano en alemán?

_____

3. ¿Regresas a la universidad por la noche?

_____

4. ¿Necesita Carlos dinero para pagar la matrícula?

_____

5. ¿Bailan los estudiantes en la biblioteca?

_____

E. Form complete sentences by putting the following words in order.

Ejemplo: necesitas / un / tú / libro / comprar →

   Tú necesitas comprar un libro.

1. bailar / estudiantes / no / los / desean

_____

2. los / nosotros / en / biblioteca / la / buscamos / libros

_____

3. señor / Jiménez / las / paga / el / cervezas

_____

4. la / deseo / yo / hablar / secretaria / con

_____

4. Asking Yes/No Questions

A. Change the statements into questions by inverting the position of the subject and verb or verb phrase, and adding the proper punctuation.

1. María paga la matrícula.

_____

2. Ustedes trabajan aquí.

_____

3. Pedro necesita estudiar.

_____

4. El señor Pérez habla francés.

_____

5. María y Juan bailan bien.

_____

B. Ask the questions that led to the following answers.

1. No, no deseamos tomar cerveza.

_____

2. Sí, la mujer regresa mañana.

_____

3. No, no necesito papel.

_____

4. Sí, trabajamos mucho.

_____

5. No, no cantan todas las noches.

_____

C. You and your friend have just met a new student at the university. He asks you the following questions. Answer them in complete sentences.

1. ¿Quién (*who*) enseña español?

_____

_____

2. ¿Estudian Uds. sicología?

_____

3. ¿Habla inglés el profesor de español?

_____

4. ¿Regresas tú a la universidad por la noche?

_____

5. ¿Desean tomar una Coca Cola ahora?

    _____

5. *Numbers 1 through 30*

    A. Write out the missing number in each statement.

        1. Trece y _____ son diecinueve.

        2. Quince menos siete son _____.

        3. _____ menos tres son veintisiete.

        4. Nueve menos cinco son _____.

        5. Catorce y _____ son veinticinco.

        6. Diecisiete y dos son _____.

        7. Veinte menos _____ son ocho.

        8. Diez y seis son _____.

    B. Write out the numbers indicated in parentheses.

        1. (14) _____ mujeres

        2. (12) _____ sillas

        3. (4) _____ clases

        4. (21) _____ hombres

        5. (15) _____ libros

        6. (21) _____ pesetas

        7. (30) _____ estudiantes

ADAPTACIÓN DEL DIÁLOGO

Fill in the blanks with the most appropriate words to form a narrative summary of the *Diálogo*.

A. David es un estudiante que (*who*) desea _____ español en el

    _____ para extranjeros de la _____ de

    Guadalajara. Entra (*he enters*) en la oficina del _____

    General y habla con _____ señora Jiménez, la _____ de la

    oficina. David necesita los _____ de la matrícula. La

señora Jiménez busca los papeles y _____. Ella dice (*says*)

que David necesita hablar con la _____ que (*who*) también

_____ inglés. David dice que si es necesario, regresa

_____ para hablar con ella.

B. Marcos, un _____ de David, _____ en la

librería. Trabaja todas _____ tardes y _____

clases en la mañana. David _____ comprar un _____

español-inglés bueno y barato, dos cuadernos, _____ bolígrafo,

_____ lápiz y un _____.

Marcos dice que no hay _____ buenos y baratos. Él también

necesita _____ para pagar muchas cosas y por eso

_____ en la librería.

UN POCO DE TODO

A. Form complete sentences, using the words provided in the order given.
Write out the numbers and add other words when necessary.

1. yo / desear / tomar / 1 / cerveza

   _____

2. mañana / Tomás y yo / comprar / 15 / libros

   _____

3. en / clase / hay / 21 / niñas / y / 11 / niños

   _____

4. Sr. Gil / buscar / 30 / cuadernos / y / 13 / lápices

   _____

5. señores / pagar / 21 / pesos

   _____

B. *En la librería.* Fill in the blanks with the correct word(s) in parentheses
to complete the dialog between Evita and *el dependiente*.

EVITA: _____, _____.
    (Adiós, Buenos días)   (señora, señor)

DEPEN.: _____. ¿Qué _____ Ud.?
    (Muy buenas, Muy buenos)   (desea, desean)

EVITA: _____ un texto para la clase de ciencias.
    (Buscamos, Busco)

DEPEN.: _____. Un momento, _____.
    (Cómo no, Con permiso)   (de nada, por favor)

En unos minutos el dependiente _____ con el libro.
              (regresa, compra)

Evita _____ el libro y _____
   (toma, enseña)   (compra, paga)

diez dólares.

DEPEN.: _____, _____.
    (Por favor, Gracias)   (señorita, señor)

EVITA: _____.
    (Muy bien, De nada)

C. Answer the questions according to the drawing.

1. ¿El estudiante compra libros en la biblioteca?

_____

2. ¿Hay libros en español en la librería?

_____

3. ¿La dependienta estudia o trabaja en la librería?

_____

4. ¿Compra un libro el estudiante?

_____

5. ¿Hablan alemán la dependienta y el estudiante?

_____

6. ¿Paga el estudiante diez dólares?

_____

DIVERSIÓN. How many numbers can you form with the letters in the word *veinticuatro*? Letters may be used more than once.

V E I N T I C U A T R O

_____

_____

_____

Capítulo 2

VOCABULARIO: PREPARACIÓN

A. Complete the sentences with the most appropriate items from the list on the right. Use each item only once. Some items will not be used.

1. Manolo es el hermano de Luis. Manolo es

_____ pero Luis es soltero.

2. El hijo de mi (*my*) hermano es mi _____.

3. La madre de mi primo es mi _____.

4. El padre de mi madre es mi _____.

5. La nieta es joven. El abuelo es _____.

6. Mi hermano no trabaja mucho. No es tonto, pero sí es

_____.

7. Hay muchos _____ en la familia de

Elena. Hay seis tíos y veintiún primos.

SUSTANTIVOS

abuela
abuelo
hermana
hermano
nietos
padres
parientes
tía
sobrino

ADJETIVOS

casado
perezoso
soltero
trabajador
viejo

B. Complete the paragraph by filling in the blanks with one of the words in parentheses. Scan the entire paragraph before you begin to write. This will help you to make the proper choices.

Pedro es _____. Es el _____ de María. Hay
       (soltero, casado)   (esposo, esposa)

tres _____ pequeñas en la familia, Ana, Eva y Beatriz.
    (hijos, hijas)

Toda la familia es muy inteligente y _____.
                       (simpática, larga)

C. Give the opposite of each adjective. If you need help, look for the word in the list on the right.

1. feo   _____

2. joven   _____

3. triste   _____

4. rico   _____

5. grande   _____

6. corto   _____

7. simpático _____

8. bueno   _____

pobre
bonito
antipático
viejo
malo
alegre
largo
pequeño

D. *Manolo* is the opposite of *Tomás*. What is he like?

Tomás es alto, guapo, tonto y perezoso, pero Manolo es _____,

_____, _____, _____.

PRONUNCIACIÓN

Indicate the stressed vowel in each of the following words by underlining it.

1. cantar	7. posible	13. lápices
2. mujer	8. Tomás	14. joven
3. necesitan	9. general	15. sentimental
4. hablas	10. franceses	16. Pérez
5. actor	11. Inglaterra	17. Ramírez
6. actriz	12. matrícula	18. pobre

MINIDIÁLOGOS Y GRAMÁTICA

6. *Present Tense of* ser

A. Form new sentences, using the words in parentheses and the appropriate form of *ser*.

Muchos estudiantes en la universidad

son de España. Jorge es de Madrid.

¿De dónde son los otros estudiantes?

Yo _____
        (Barcelona)

Miguel y David _____
                    (Valencia)

Tú _____
        (Granada)

Nosotros _____
            (Sevilla)

Ustedes _____
            (Toledo)

B. Form complete sentences by using one word or phrase from each column and the appropriate form of *ser*.

1. las mesas   estudiante
2. mi hermano y yo   de Argentina
3. tú (*fem.*)   de madera
4. el regalo   ser   extranjera
5. yo   para Uds.
6. vosotras   amigas

1. _____

2. _____

3. _____

4. _____

5. _____

6. _____

C. Ask the following people where they are from. Then answer the questions as though you were that person or persons, telling who you are.

Ejemplo: ¿Doctor Gómez? - Colombia / dentista →

          —¿De dónde es Ud., Dr. Gómez?

          —Soy de Colombia; soy dentista.

1. ¿Srta. Mistral? - Chile / poetisa

   —_____

   —_____

2. ¿Sr. Cervantes? - España / autor

—_____

—_____

3. ¿Sr. Orozco? - México / artista

—_____

—_____

4. ¿Sres. Pizarro y Cortés? - España / conquistadores

—_____

—_____

5. ¿Srta. Fonda? - Estados Unidos / actriz

—_____

—_____

7. *Possession with de*

A. Ask to whom each of the following belongs. Then answer the questions.
    Be sure to use *quiénes* when the expected answer is plural.

    Ejemplos: 1. ¿coche? - José →

               —¿De quién es el coche? —Es de José.

               2. ¿libros? - Miguel y David →

               —¿De quiénes son los libros? —Son de Miguel y David.

1. ¿examen? - Anita

—_____

2. ¿coches? - Luisa y Carlos

—_____

3. ¿tres hijos? - señores López

—_____

4. ¿suspenso? - Jaime

—_____

5. ¿regalos? - abuela

—_____

B. Write in Spanish.

1. Whose money is it?   —It's Ana's.

   _____

2. And the exams? Are they Ana's too?

   _____

3. No, the exams are Pepe's.

   _____

4. Where are Pepe's parents from?   —They're from Colombia.

   _____

8. *Contractions* del *and* al

A. Complete the sentences, using *a / al / a la / a los / a las* or *de / del / de la / de los / de las* as needed. Not all sentences require an article.

1. La tienda es _____ sobrino _____ señora López.

2. Mañana necesito regresar a la capital _____ estado.

3. Los parientes _____ Jorge regresan _____ hospital en la

   noche.

4. Los hijos _____ hermano de Cecilia desean regresar _____

   baile.

B. Rewrite the sentences, substituting the words in parentheses, and making any other necessary changes.

   Ejemplo: Hoy regresan al mercado. (yo / universidad) →

   Hoy regreso a la universidad.

1. Yo regreso a la universidad. (nosotros / hotel)

   _____

2. ¿Quién es el tío de los señores? (nieta / señor)

   _____

3. Los papeles son del hijo. (coche / mujer)

   _____

4. Mañana regresamos a la capital. (ellos / hospital)

_____

9. *Adjectives: Gender, Number, and Position*

A. Write the letter of the adjectives that by *form* and *meaning*, can complete each of the sentences.

1. El regalo es _____.

    a) grande   b) interesante   c) leal

    d) sencilla   e) barato   f) pequeño

2. Los tíos de Marilú son _____.

    a) amable   b) jóvenes   c) simpáticos

    d) largos   e) portugueses   f) solteros

3. La clase de inglés es _____.

    a) interesantes   b) vieja   c) rebelde

    d) importante   e) mala   f) trabajador

4. Las hermanas son _____.

    a) romántica   b) ingleses   c) impacientes

    d) inteligentes   e) francesas   f) altas

B. Answer the questions according to the model.

Ejemplo: El libro es barato. ¿Y los lápices? →

           También son baratos.

1. La estudiante es francesa. ¿Y el profesor?

    _____

2. El padre es amable. ¿Y la madre?

    _____

3. El político es simpático. ¿Y las secretarias?

    _____

4. María es trabajadora. ¿Y los hermanos?

    _____

5. El presidente es joven. ¿Y la esposa?

_____

6. La prima es inglesa. ¿Y los sobrinos?

_____

C. Complete the sentences with the appropriate adjective of nationality.

1. Berlín es una ciudad _____.

2. El Porsche es un coche _____.

3. Gerald Ford es un político _____.

4. Londres (*London*) es la capital _____.

5. La tequila es una bebida _____.

D. Answer in the negative, using the adjective with opposite meaning.

Ejemplo: ¿Es buena la comida? → No, es mala.

1. ¿Es casado el profesor? _____

2. ¿Son viejos los políticos? _____

3. ¿Son simpáticas las primas? _____

4. ¿Es alto el doctor? _____

5. ¿Son grandes las ciudades? _____

6. ¿Es corto el examen? _____

E. Form complete sentences by putting the following words in order.

Ejemplo: bueno / niño / es / el → El niño es bueno.

1. portugueses / los / valientes / son

_____

2. leal / es / amigo / un

_____

3. ciudades / otras / grandes / hay / no

_____

4. es / mujer / una / amable

_____

5. muchos / altos / edificios / hay

_____

10. *Telling Time*

A. Express the hour in Spanish.

1. It's 12:20. _____

2. It's 15 minutes to 3:00. _____

3. It's 2:00 A.M. _____

4. It's 7:30 P.M. _____

5. It's 1:15 A.M. _____

6. It's 1:35 P.M. _____

7. It's exactly 12:00 o'clock. _____

B. Answer in complete sentences, using the time indicated in parentheses.

1. ¿A qué hora estudias francés? (10:00 A.M.)

_____

2. ¿A qué hora regresa Ud. a casa? (5:10 P.M.)

_____

3. ¿Tomas café a las 8:00 de la mañana? (7:00 A.M.)

_____

4. ¿A qué hora es la otra clase de español? (3:30 P.M.)

_____

5. ¿Son las doce y media? (12:45)

_____

ADAPTACIÓN DEL DIÁLOGO

Fill in the blanks with the most appropriate words to form a narrative summary of the *Diálogo*.

Pepe Núñez Sandoval, un _____ de la universidad, es un

_____ amigo de Gloria Gómez Pereda. El _____ a la

casa de Gloria y ella lo (*him*) _____ a toda la _____:

al abuelo, al padre, y al _____ de Gloria. También hay dos

hermanos _____ y una hermana _____. En total, hay

_____ hijos en la familia _____ Gloria. Es una

familia grande y _____.

UN POCO DE TODO

A. *Una entrevista* (interview). Fill in the blanks with the correct word(s)
    in parentheses to complete the dialog about a job interview.

SR. GIL: . . . y _____ necesario _____ _____
                    (hay, es)   (llega, llegar)   (en, a)

la oficina a _____ ocho en punto.
             (los, las)

MANUEL: Pero yo _____ de Bridgeport, no de aquí. Por lo
                   (soy, somos)

general _____ el tren que (*which*) _____
          (tomo, mando)   (llego, llega)

a las ocho y _____.
              (medio, media)

SR. GIL: ¿_____ Ud. el trabajo (*job*)?
            (Deseo, Desea)

MANUEL: Sí, pero . . .

SR. GIL: Pues, ¿por qué no _____ Ud. un coche?
                             (compra, necesita)

MANUEL: Sí, sí, es una _____ idea. ¿Cuánto (*how much*)
                          (buen, buena)

_____ el trabajo?
  (manda, paga)

SR. GIL: Dos _____ la (*per*) hora.
               (dólar, dólares)

MANUEL: Bueno . . . _____ gracias, Sr. Gil, y ¡adiós! Con
                       (muchos, muchas)

dos dólares la hora es imposible comprar un _____
                                             (pequeña, pequeño)

coche de plástico para mi hijo.

B. Rewrite the sentences, inserting the adjectives given in parentheses in their proper position. Be sure to make the adjectives agree with the nouns.

1. No hay carros aquí. (mucho, americano)

   _____

2. Necesito buscar poemas. (sencillo, cuatro)

   _____

3. Paco desea hablar con las estudiantes. (francés, otro)

   _____

4. Fuentes es escritor. (mexicano, uno, grande)

   _____

5. Jorge busca esposa. (ideal, uno)

   _____

6. Los tíos de María buscan una casa. (nueva, grande)

   _____

C. Form complete sentences, using the words provided in the order given. Make any necessary changes, and add other words when necessary.

1. Beatriz / ser / estudiante / inteligente / pero / perezoso

   _____

2. Sr. González / necesitar / uno / libros / peruano

   _____

3. (nosotros) llegar / con / mucho / regalos / bonito

   _____

4. ¿ingleses / tomar / té (tea) / todo / tardes?

   _____

5. mujer / francés / ser / esposo / de / Sr. Contreras

   _____

D. On a separate sheet of paper, write a short paragraph that describes the members of the family shown in the drawing. Use the questions as a guide, and invent any details you need.

1. ¿Cuántas personas hay en la familia?

2. ¿De dónde son los padres?

3. ¿Dónde trabaja el padre ahora?

4. ¿Qué estudia el hijo? ¿Cómo es él? ¿romántico? ¿perezoso?

    ¿trabajador? ¿rebelde?

5. ¿Quién es la otra señora?

6. ¿Cómo es la casa? ¿Y el coche?

Capítulo 3

VOCABULARIO: PREPARACIÓN

A. Complete the sentences with the names of the items of clothing shown in each drawing.

1. Es un par de _____.

2. La señorita Reyes lleva un _____, un _____,
   _____ y un par _____ _____.

3. Para la fiesta formal, Alicia busca una _____ larga, una
   _____ y una _____.

4. Cecilia busca un _____ de _____ blancas y
   un _____.

5. El hombre lleva una _____, unos _____

cortos, _____ y _____.

6. En la oficina Alfonso lleva un _____.

B. Complete the sentences with the correct form of words from the list on the
right. All words are given in their base form: verbs in the infinitive,
nouns in the singular, and adjectives in the masculine singular form. Make
any necessary changes. Items may be used more than once. Some items will
not be used.

1. Las plantas son _____.

2. La bandera (*flag*) mexicana es _____,
                                        (green)

_____ y _____.
      (white)   (red)

3. La bandera de los Estados Unidos es

_____, _____, y

_____.

4. La naranja (*orange*) es _____ y el

limón es _____.

5. En un _____ grande no es posible

regatear porque los precios son _____.

6. En muchas _____ pequeñas de Latinoamérica es posible

_____ pero no en los almacenes.

7. No es buena idea llevar mucho dinero en la _____.

8. En los almacenes grandes _____ _____ _____.

9. El color _____ es una combinación de blanco y negro.

10. Mercedes _____ un bonito vestido hoy.

almacén
amarillo
anaranjado
azul
blanco
cartera
fijo
gris
llevar
morado
precio
regatear
rojo
rosado
tienda
venden de todo
verde

MINIDIÁLOGOS Y GRAMÁTICA

11. *Uses of* se: *Impersonal* se *and the Passive Reflexive*

A. Write in Spanish.

Ejemplo: There's no talking here. → <u>No se habla aquí.</u>

1. There's no bargaining here.

   _____

2. You don't sing in the library.

   _____

3. One pays over there (*allí*).

   _____

4. They teach well here.

   _____

5. They study a lot there.

   _____

B. Change the sentences from active voice to the passive reflexive.

   Ejemplo: Aquí hablan francés. → <u>Aquí se habla francés.</u>

   1. En la tienda hablan inglés.

      _____

   2. En el mercado compran suéteres.

      _____

   3. No necesitamos calcetines blancos.

      _____

   4. En la universidad estudian francés.

      _____

   5. Necesitan muchas cosas para la fiesta.

      _____

C. Complete the sentences with the correct form of verbs from the list on
   the right. Use the impersonal *se*.

   1. En la universidad _____

   2. En un mercado pequeño _____   *tomar bebidas*
                                                            estudiar
   3. En el restaurante _____   *regatear*
                                                            pagar en pesos
   4. En la librería _____   *comprar libros*

   5. En México _____

12. *Present Tense of -er and -ir Verbs*

A. Give the verb forms that correspond to the new subjects.

1. Hoy asisto a una fiesta en el Club de Estudiantes Internacionales.

    ¿Quién más (*who else*) asiste a la fiesta?

    Eva y yo _____; los franceses _____;

    tú _____; el profesor Blanco _____;

    Ud. y mi hermano _____; vosotros _____

2. En la clase Ana lee y escribe bien. ¿Quién más lee y escribe bien?

    Mi hermana y yo _____ y _____ bien; y

    _____ y _____ bien; Uds. _____

    y _____ bien; Julia y Marcos _____ y

    _____ bien; Ud. _____ y _____

    bien; vosotros _____ y _____ bien.

B. Make all possible items plural.

1. Ella no cree en Santa Claus.

    _____

2. ¿Por qué insiste Ud. en pagar?

    _____

3. ¿Escribes todo el ejercicio?

    _____

4. Yo vivo y trabajo en la capital.

    _____

5. No comprendo el telegrama.

    _____

6. El debe leer el periódico, ¿no?

    _____

C. Make all possible items singular.

1. ¿Viven ellas en un apartamento?

   _____

2. Nosotros nunca recibimos regalos.

   _____

3. Uds. no deben insistir en comer allí.

   _____

4. Asisten a clases en la noche, ¿no?

   _____

5. Abrimos los libros y leemos.

   _____

D. Complete the sentences with the correct form of verbs from the list on the right. Use each verb only once.

1. ¡Tú _____ comer más, hija!

2. _____ las puertas de la biblioteca

   a las diez de la mañana.

3. La ropa que _____ allí es barata.

4. ¿Qué periódico _____ ustedes?

5. Ceci _____ en hablar en español en la

   clase de francés.

6. Nosotros _____ mucha Coca Cola.

7. Yo _____ que el hermano de Pepe es

   muy guapo.

8. María y yo _____ a bailar el tango.

abrir
aprender
beber
creer
deber
insistir
leer
vender

13. *Present Tense of* *tener, venir, querer, and poder*

A. Complete the sentences with the correct form of one of the verbs in parentheses, according to the meaning of the sentence.

(tener / querer)

1. Yo sólo _____ pantalones pardos y _____

   comprar otro par.

2. Mario y yo _____ un examen mañana.

3. Sarita y yo _____ viajar a Yucatán pero no

_____ bastante (*enough*) dinero.

4. ¿Por qué no _____ (tú) asistir al baile?

_____ un traje, ¿verdad?

(venir / poder)

5. ¿A qué hora _____ Uds. a la fiesta?

6. Mi hermana y yo no _____ llegar hasta las 10:00.

7. ¿Por qué siempre _____ (tú) tarde a clase?

8. ¿No _____ (tú) llegar temprano?

9. Si Julia y Rita _____ antes de (*before*) las

siete, ellas _____ comer con nosotros.

B. Answer according to the cue.

1. ¿Cómo vienen Uds. a la universidad? (carro)

_____

2. ¿Cuándo viene Ud. a comer? (mañana)

_____

3. ¿Quieren Uds. cantar ahora? (no, comer)

_____

4. ¿A qué hora quiere Ud. regresar? (una y media)

_____

5. ¿Tiene Ud. una chaqueta larga? (no, corta)

_____

6. ¿A qué hora pueden llegar Uds.? (cinco)

_____

14. *Tener Idioms*

A. Answer using an appropriate *tener* idiom.

1. Si Ud. no come o bebe dos días, ¿qué tiene Ud.?

   _____

2. Si Ud. quiere aprender, ¿qué tiene que hacer (*do*) Ud.?

   _____

3. Si Paco visita Alaska y sólo lleva un abrigo corto, ¿qué tiene él?

   _____

4. Si son las tres de la mañana, ¿qué tiene Ud.?

   _____

5. Ud. necesita llegar a la oficina a las dos. Si son las dos menos

   uno, ¿qué tiene Ud.?

   _____

B. Write in Spanish.

   PEPE: We have to arrive at the airport (*aeropuerto*) at two o'clock.
   It's already (*ya*) 12:45.

   _____

   _____

   TOMÁS: But I'm hungry. I feel like eating something (*algo*).

   _____

   PEPE: But we're in a hurry. We can eat at (*en*) the airport.

   _____

   TOMÁS: You're right.

   _____

15. *Numbers 31 through 100*

   A. Your friend's family spends a lot of money on clothing. Write in
   Spanish the number of the different articles of clothing that all of
   them own.

   (48) _____ pantalones

   (31) _____ pares de zapatos

(71) _____ camisas

(90) _____ camisetas

(60) _____ vestidos

(57) _____ faldas

B. While studying in Mexico, you have to pay the balance of several bills by check. Write out the amounts shown.

Ejemplo: PAGAR A _____ Teatro Excelsior _____ $39.00

Treinta y nueve y 00/100 _____ pesos

1. PAGAR A _____ Universidad Central _____ $99.00

_____ pesos

2. PAGAR A _____ Librería Universitaria _____ $77.00

_____ pesos

3. PAGAR A _____ Autobuses Nacionales _____ $58.00

_____ pesos

4. PAGAR A _____ Hotel Internacional _____ $100.00

_____ pesos

5. PAGAR A _____ Almacenes Pulido _____ $63.00

_____ pesos

ADAPTACIÓN DEL DIÁLOGO

Fill in the blanks with the most appropriate words to form a narrative summary of the *Diálogo*.

A. Lola, la _____ de los señores Canales, _____ a Los Ángeles a visitar a sus (*her*) tíos y primos. Ella _____ de México. Los Canales _____ tres _____, Ceci, Emilio y Pepe.

Ceci _____ a _____ universidad y tiene _____ hoy. Emilio _____ en un almacén _____, en el departamento donde se _____ ropa para señores. Pepe _____ en una escuela secundaria. Los

Canales _____ en una casa bastante _____ y

tienen un _____ preparado para Lola.

Lola _____ comprar unos _____ para su

(*her*) familia en México. Ella puede comprar de todo en el almacén donde

trabaja Emilio. Lola tiene _____ de ir sola (*alone*) al

almacén porque no habla muy bien el _____. Pero en el

almacén se _____ inglés y español.

3. Un día Ceci y Lola visitan el almacén. Lola cree que los precios son muy

_____. Quiere comprar una _____ para su

padre y una _____ o un _____ para su madre.

UN POCO DE TODO

1. Mr. Rivera needs to buy a few things before he leaves on vacation. Answer
   the questions by describing what you see in the series of drawings.

1. ¿Qué quiere comprar el Sr. Rivera?

   _____

2. ¿A qué hora llega al almacén?

   _____

3. ¿Qué busca? ¿Cómo son todas las camisas, caras o baratas?

   _____

4. ¿Qué camisa compra por fin? ¿Una de quince dólares?

   _____

5. ¿Se venden sandalias buenas y baratas en el almacén?

   _____

6. ¿Adónde tiene que ir (*to go*) para comprar las sandalias?

   _____

7. ¿Cómo regresa a casa, alegre o triste?

   _____

B. Form complete sentences, using the words provided in the order given. Make
   any necessary changes, and add other words when necessary.

   1. nosotros/querer/comprar/abrigo/pero/tener/sólo/31/dólares

   _____

   2. si/se/querer/aprender/se/tener/asistir/clases

   _____

   3. yo/creer/que/abuelo/tener/91/años

   _____

4. cuando/profesor/tener prisa/(nosotros) no/comprender/bien/lección

_____

5. niños/insistir/en/recibir/mucho/regalos/verdad

_____

6. tú/no/tener/ganas/leer/verdad

_____

C. On a separate sheet of paper, write a short paragraph that completes the situation given below. Use the questions as a guide, and invent any details you need.

Carlos tiene que asistir a una fiesta y necesita comprar dos artículos de ropa . . .

1. ¿Qué tiene que comprar?
2. ¿Dónde busca la ropa que necesita?
3. ¿Que lenguas se hablan en el almacén.
4. ¿Es amable el dependiente?
5. ¿De qué color es la ropa que compra?
6. ¿Cuánto paga en total?
7. ¿Cree que los precios son.caros o baratos?

DIVERSIÓN: Crucigrama

Horizontales

1. O'Hare, Kennedy y Los Ángeles son aeropuertos - - - - - - - - - - - - - - - -
5. ¡No - - regatea en la librería!
6. Es buena idea no llevar muchas - - - - - - - cuando viajas.
8. El papá de Lola es doctor y su (her) - - - - es dentista.
10. Los pantalones, las faldas y las camisas son - - - -.
11. ¿A qué hora regresan - - almacén?
12. David es bajo pero su hermano es muy - - - -.
14. Los abrigos que se venden allí son muy - - - - -.
16. Necesito comprar dos - - - - - de sandalias.
17. Sesenta y cuatro más (plus) cuarenta y seis son - - - - - - diez.
18. Si tienes mucha - - -, ¿por qué no tomas una Coca Cola?
19. Es importante leer el - - - - - - - - - todos los días.

Verticales

1. Es importante hablar más de un - - - - - -.
2. Para la fiesta Tomás necesita comprar una chaqueta - - - - - - - - -.
3. Blanco y - - - - - dan (give, make) gris.
4. Antónimo de vender: - - - - - - -.
7. - - - - y amarillo dan verde.
9. En un - - - - - - - se vende de todo.
13. La hermana de mi padre es mi - - -.
15. Tengo que descansar porque tengo - - - - -.

Capítulo 4

VOCABULARIO: PREPARACIÓN

A. Complete the sentences with words from *Vocabulario: Preparación.*

1. Hay dos días en el _____ de semana.

2. _____ es el primer (*first*) día de la semana en el
calendario hispánico.

3. Si hoy es martes, mañana es _____.

4. _____ y _____ son los dos días del fin
de semana.

5. El Día de Gracias es siempre el cuarto (*fourth*) _____
de noviembre.

6. Si hoy es jueves, mañana es _____.

7. Mi hermano no puede venir _____ sábado porque
_____ sábados trabaja.

B. Complete the sentences with words from *Vocabulario: Preparación.*

1. María tiene una _____ con Carlos mañana.

2. La _____ es una ceremonia religiosa o civil en que se
casan (*get married*) dos personas.

3. Blanco es el color tradicional para el vestido de la _____.

4. Muchas personas creen que los _____ deben ser largos para
evitar (*to avoid*) problemas después (*after*) del _____

5. Después de la boda los novios son _____.

6. Joselito tiene una personalidad muy fría; no es una persona
_____.

7. El matrimonio puede terminar en _____.

8. Entre (*between*) novios hay amor; entre amigos hay _____.

C. Complete the sentences by describing what you see in the drawings. Use words from the following list. Remember to form contractions when necessary.

en, entre, cerca (de), lejos (de), detrás (de), a la derecha (de), a la izquierda (de), rubio, moreno

1. Hay un parque _____ _____ hotel. La casa de los Gómez

   está (*is*) _____ _____ la escuela.

2. Hay un bar _____ _____ _____ _____ museo y un cine

   _____ _____ _____. El museo está (*is*) _____

   el bar y el cine.

3. Hay un árbol grande _____ _____ la casa y un coche

   _____ _____ la casa.

4. Hay una botella _____ la mesa.

5. María es _____ y su amiga Consuelo es _____

MINIDIÁLOGOS Y GRAMÁTICA

16. *Present Tense of* dar, estar *and* ir; ir + a + *infinitive*

   A. Complete the sentences with the correct form of the verb in parentheses.

   1. *(dar)*

   El domingo es el cumpleaños (*birthday*) de Ana y todos queremos dar

   regalos diferentes. ¿Qué regalos _____ nosotros?

   Carmela _____ una blusa, los padres de Ana

   _____ un impermeable, tú _____ un

   suéter y yo _____ un libro.

   2. *(ir)*

   Muchas personas van a ir a la fiesta. Toda la familia de Ana

   _____, los tíos y los abuelos _____,

   tú _____, Miguel y yo _____, pero yo

   _____ a llegar tarde porque tengo que trabajar.

   3. *(estar)*

   Es el domingo por la noche y yo _____ aquí en la

   recepción. Pero, ¿dónde _____ Ana? Ella y sus (*her*)

   padres todavía _____ en casa porque un hermano de

   Ana _____ enfermo.

   B. Using *ir + a +* infinitive, tell what the following people are going to
      do.

   Ejemplo: Estudio ahora. → <u>Voy a estudiar ahora.</u>

   1. Ellos buscan un regalo para Jaime.

   _____

   2. Ignacio y Pepe vienen el domingo.

   _____

   3. David y yo damos una fiesta para los novios.

   _____

4. Estoy en casa todo el día.

   _____

5. Marta y Elena van al cine con Fernando.

   _____

6. Tengo que terminar los ejercicios pronto.

   _____

7. Héctor y yo visitamos el museo.

   _____

C. Answer according to the cue.

   1. ¿A qué hora dan Uds. el programa de baile? (las ocho)

      _____

   2. ¿Qué día vas al cine? (jueves)

      _____

   3. ¿Cómo está Ud.? (bien, gracias)

      _____

   4. ¿Van a estar Uds. en casa toda la noche? (sí)

      _____

   5. ¿Están ellos de acuerdo con Alicia? (no)

      _____

   6. ¿Adónde va José ahora? (iglesia)

      _____

D. A friend of yours has made the statements listed below. Form a response
    using *Vamos a* + one of the phrases from the following list. In each case
    you will be suggesting that you and your friend do something together:
    "Let's _____."

        *el Almacén Juárez, descansar ahora, tomar una Coca Cola,
        estudiar el domingo, comprar un regalo para él mañana*

   1. El lunes vamos a tener examen.

      _____

2. ¡Tengo mucha sed!

    _____

3. Lorenzo va a celebrar su cumpleaños (*birthday*) el viernes.

    _____

4. No tengo ganas de estudiar más hoy.

    _____

5. Voy a un baile el sábado y necesito zapatos.

    _____

17. *Present Progressive:* *estar* + *-ndo*

  A. Give the *-ndo* form of the following infinitives.

  Ejemplo: cantar → <u>cantando</u>

  1. buscar _____   5. leer _____

  2. comer _____   6. asistir _____

  3. escribir _____   7. llevar _____

  4. enseñar _____   8. creer _____

  B. Change to the present progressive using *estar*.

  1. Yo como poco ahora.

      _____

  2. Regresan de la ciudad ahora.

      _____

  3. ¿Lees o escribes los ejercicios?

      _____

  4. Luisa enseña en una escuela.

      _____

  5. Estudiamos francés también.

      _____

18. *Possessive Adjectives (Unstressed)*

A. Express using possessive adjectives, according to the model.

Ejemplo: la novia de Paco → <u>su novia</u>

1. las casas del Sr. Rivera   _____

2. el coche de nosotros   _____

3. los exámenes de nosotros   _____

4. el padre de los niños   _____

5. los recuerdos de Teresa   _____

B. Answer using possessive adjectives, according to the model.

Ejemplo: ¿Dónde está tu novia? (San Francisco) →

<u>Mi novia está en San Francisco.</u>

1. ¿Son baratos los zapatos de Pilar? (caros)

_____

2. ¿Cómo es la hermana de Paquita y Julia? (alta y rubia)

_____

3. ¿Cómo es la vida social de Uds.? (fenomenal)

_____

4. ¿Cómo es el nuevo apartamento de los Fernández? (enorme)

_____

5. Mamá, ¿dónde están mis zapatos? (en tu cuarto)

_____

6. ¿Son argentinos los empleados del señor? (peruanos)

_____

19. *Pronoun Objects of Prepositions*

A. Answer according to the model.

Ejemplo: Compras regalos para los novios, ¿verdad? →

<u>Sí, compro regalos para ellos.</u>

1. Ignacio estudia conmigo, ¿verdad? *(Habla un amigo de Ud.)*

   _____

2. Uds. pueden asistir sin mí, ¿verdad? *(Habla una señora.)*

   _____

3. Llevas los cuadernos contigo, ¿verdad?

   _____

4. El café es para Beatriz, ¿verdad?

   _____

5. Los problemas son fáciles para los estudiantes, ¿verdad?

   _____

6. Y para Ud., ¿son difíciles?

   _____

7. Uds. están delante de mí, ¿verdad? *(Habla un amigo de Ud.)*

   _____

B. Write in Spanish.

1. Between you and me, it's an impossible situation.

   _____

2. The present is for you *(familiar)*.

   _____

3. They're coming with me.

   _____

4. I can't live without you *(familiar)*.

   _____

5. The newspaper is behind me, near you *(formal)*.

   _____

20. *Demonstrative Adjectives and Pronouns*

A. Complete the sentences with the appropriate demonstrative adjectives and pronouns, *este* or *ese*, according to the model.

Ejemplo: ___Este___ estudiante es argentino y ___ése___ es peruano.
         This   *that one*

1. _____ clases son estupendas pero _____ es terrible.
    These   *that one*

2. _____ regalo es para Juan y _____ son para mi hermano.
    This   *those*

3. _____ niñas son muy listas, pero _____ son tontas.
    These   *those*

4. _____ periódicos son buenos, pero _____ es superior.
    Those   *this one*

B. Imagine that you and a friend are looking at your city from a high place. Point out some places of interest, completing the sentence with the appropriate form of *aquel*.

_____ edificios (*buildings*) altos son la universidad y

_____ es el Hotel Hilton. En _____ oficinas trabaja

mi padre y en _____ iglesia, a la derecha, va a ser (*is going*

to take place) la boda de mi hermana.

C. Complete the sentences with *esto*, *eso* or *aquello*.

1. —¿Qué es _____? —¿_____? Es un regalo.
              that   *This?*

2. _____ es muy difícil.
    This

3. ¿Qué es _____ delante de la casa?
          that

ADAPTACIÓN DEL DIÁLOGO

Fill in the blanks with the most appropriate words to form a narrative summary of the three short dialogs. Write out all numbers.

A. Amalia, una chica de _____ años, _____ hablando

con su hermana, Margarita, una estudiante universitaria de _____

años. Cuando Amalia dice (*says*) que tiene un _____, Margarita

contesta que ella es muy tonta y que es muy _____ para tener novio. Para Margarita, es importante primero terminar _____

estudios y buscar un trabajo.

B. Panchito y su mamá _____ delante de la iglesia, esperando

entrar para _____ a una _____. Panchito no

tiene _____ de entrar porque él cree que las bodas son una

_____.

　　　La novia está con su padre y la mamá de Panchito explica que es el

_____. Los padrinos _____ a la novia

_____ altar. Ella cree que don Federico debe estar muy

_____ porque el novio tiene una _____ posición

social y está bien económicamente.

C. Raúl Jiménez es un joven _____ que además _____

clases particulares. Según (According to) su esposa Beatriz, es muy buen

papá y _____ mucho en la casa.

　　　Beatriz también tiene _____ profesiones. Ella es

_____ y enseña en el instituto. Su estudio _____

en la casa, así, puede estar con _____ hija.

UN POCO DE TODO

A. *Entre amigos*. Fill in the blanks with the correct form of the infinitive or with the correct words in parentheses to complete the dialog
between Susana and Paquita.

　SUSANA: Hola, Paquita. ¿Qué tal?

　PAQUITA: Bien, y tú, ¿cómo _____?
　　　　　　　　　　　　　　　　(estar)

　SUSANA: Muy bien. Aquí tengo algo (*something*) para _____.
　　　　　　　　　　　　　　　　　　　　　　　　　　(tú, ti)

　　　　　Creo que _____ son _____ libros de historia,
　　　　　　　　　　(ésos, éstos)　　　　　　(tu, tus)

　　　　　¿verdad?

PAQUITA: ¡Ay, qué bueno! Necesito _____ libros para
          (esos, aquellos)

estudiar para _____ examen _____ viernes.
                 (nuestra, nuestro)   (el, en)

Gracias.

SUSANA: ¿Adónde _____ ahora?
                    (ir)

PAQUITA: Primero _____ a la biblioteca a buscar un libro y
                      (ir)

luego María y yo _____ a estudiar. ¿Por qué no
                        (ir)

estudias _____?
          (contigo, con nosotras)

SUSANA: Gracias por _____ invitación, pero _____
                       (tú, tu)   (esta, este)

tarde _____ una película (movie) francesa y Diego y
          (dar)

yo _____ ir. Tengo _____ porque él
      (querer)   (razón, prisa)

está _____ _____ del cine ahora
        (esperar – to wait) (lejos, delante)

mismo.

PAQUITA: Muy bien. _____.
                     (Adiós, Vamos)

B. Form complete sentences, using the words provided in the order given. Make
   any necessary changes, and add other words when necessary.

1. yo / ir / terminar / este / cartas / este / noche

   _____

2. Juan / estar / esperar / delante / hotel

   _____

3. (nosotros) ir / necesitar / nuestro / maletas

   _____

4. mi / padres / creer / que / mi / novio / y / yo / ser / demasiado / joven

   _____

C. Write a short paragraph of about 100 words to an imaginary pen pal in Latin America, describing what you and your family and friends might do on a week-end. Use the words provided in the order given. Make any necessary changes and add other words when necessary.

1. viernes, / después / clases, / (yo) regresar / casa / o / ir / biblioteca / si / tener / estudiar

_____

_____

2. por / noche / ir / cine / con / amigos / o / si / (nosotros) poder, / todos / ir / discoteca / para bailar

_____

_____

3. sábados / (yo) trabajar / almacén / grande

_____

4. no / ser / trabajo / difícil, / pero / seis / tarde, / (yo) estar / contento / de regresar a casa

_____

_____

5. domingos / mi / padres, / mi / hermana y yo / leer / periódico / y / mirar / televisión

_____

_____

6. en / tarde / (nosotros) ir / casa / de / mi / tíos / que / vivir / cerca / nosotros

_____

_____

7. siempre / (yo) estar / contento / el / fines de semana

_____

DIVERSIÓN. Can you change the word *boda* to *amor* in five steps? Change one
letter each time, and rearrange the order of the letters.

    B O D A

1. _ _ _ _   Antónimo de alto.

2. _ _ _ _   La rosa es _ _ _ _ (*color*).

3. _ _ _ _   Los pantalones, la blusa, la camisa, etcétera.

4. _ _ _ _   Tiene 60 minutos.

    A M O R

Capítulo 5

VOCABULARIO: PREPARACIÓN

A. *¿Qué tiempo hace?* Describe the weather conditions in each drawing.

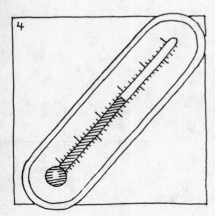
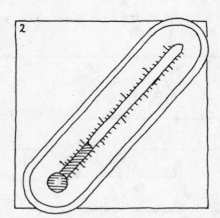

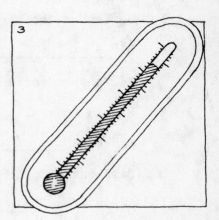

1. _____

2. _____

3. _____

4. _____

5. _____

6. _____

B. Complete the sentences with words from *Vocabulario: Preparación.*

1. Si hoy es el 31 de marzo, mañana es _____ _____ _____

   _____.

2. Los tres meses de verano son _____, _____

   y _____.

3. Diciembre es el primer mes de _____.

4. En primavera hace buen tiempo pero también _____ mucho.

5. Setiembre, octubre y noviembre son los tres meses de _____.

6. El _____ _____ _____ se celebra el Día de

   la Independencia de los Estados Unidos.

7. Por lo general _____ mucho en las montañas durante los

   meses de _____. Si está _____, hace frío.

8. Después de diciembre viene el mes de _____; y después de

   abril viene _____.

MINIDIÁLOGOS Y GRAMÁTICA

21. *Ser versus estar*

    Complete the sentences with the correct forms of *ser* or *estar*.

    1. Hola, Anita. ¿Cómo _____?

    2. Mis primos _____ de Argentina; sólo _____

       visitando nuestro país.

    3. Yo _____ optimista y alegre; mi esposa _____

       formal y seria.

    4. ¿Por qué _____ Uds. tan cansados?

    5. Bogotá _____ la capital de Colombia.

    6. Mi hermano y yo _____ estudiantes.

    7. Felipe _____ muy aburrido en la clase de historia.

    8. Nuestra casa _____ de adobe y madera.

    9. ¿De dónde _____ tú?

10. ¿De quién _____ estos papeles?

11. Jorge y yo _____ ocupados esta noche.

12. Mi amor, _____ muy guapo en ese traje.

13. Ya _____ la una y media y tenemos que _____

en el aeropuerto a las dos.

14. —Juanito, tu cuarto _____ muy sucio.

—Sí, mamá. Yo _____ de acuerdo, pero la puerta

_____ cerrada.

15. Las puertas del cine ya _____ abiertas.

16. Estas camisas _____ para ti.

17. _____ difícil escribir una composición larga.

22. *Interrogatives*

A. Form questions for which the answers given are appropriate. Use the interrogatives indicated for each group.

¿Dónde? *¿Adónde?* *¿De dónde?*

1. —¿_____?

—Vamos a la casa de Juan.

2. —¿_____?

—Soy de la capital.

3. —¿_____?

—Estoy en la universidad.

4. —¿_____?

—Llevamos los exámenes a la oficina.

¿Qué? *¿Cuál(es)?* *¿Cómo?*

5. —¿_____?

—La Sra. Campos es una mujer alta y hermosa.

6. —¿_____?

—Mis sandalias son esas sandalias rojas.

7. —¿_____?

—Busco mi cartera.

8. —¿_____?

—Nuestra casa es la primera casa blanca.

9. —¿_____?

—Buenos Aires es una ciudad grande y moderna.

¿Quién(es)?   ¿De quién(es)?   ¿Por qué?

10. —¿_____?

—Porque no tengo hambre.

11. —¿_____?

—Son María y Eva Galván.

12. —¿_____?

—Esos vasos son de mi tía Hortensia.

¿Cuándo?   ¿Cuánto/a?   ¿Cuántos/as?

13. —¿_____?

—Necesito diez dólares.

14. —¿_____?

—Vienen en agosto.

15. —¿_____?

—Sólo tres muchachas van.

B. Complete the sentences with the most appropriate interrogative word or phrase.

1. ¿_____ estás, mi hijo? ¿Estás enfermo?

2. ¿_____ hermanos tiene Alicia? ¿Uno o dos?

3. ¿_____ es la capital de Colombia? ¿Lima o Bogotá?

4. ¿_____ son esos estudiantes? ¿De Argentina o de

Chile?

5. —¿_____ son esas señoras?

—Son las esposas de los dueños.

6. ¿_____ van Uds. ahora? ¿Al cine o a la plaza?

7. —¿_____ son tres países de Centro América?

—Son Nicaragua, Costa Rica y Panamá.

8. ¿_____ es este coche? ¿De Manuel?

23. *Present Tense of hacer, poner, and salir*

A. Complete the sentences with the correct form of the verb in parentheses.

(hacer) 1. Nuestra familia va a _____ un viaje.

2. Cuando nosotros _____ una fiesta en casa,

yo siempre _____ café.

3. Carlitos, ¿qué estás _____ con todo ese

azúcar?

(poner) 4. Mamá, ¿dónde _____ (yo) estos vasos?

5. ¿Por qué no _____ (nosotros) el radio ahora?

6. Creo que tú _____ mucho azúcar en tu café.

(salir) 7. ¿A qué hora _____ Uds. para la estación?

8. Nosotros _____ a las dos en punto.

9. Yo siempre _____ de casa temprano.

B. Complete the sentences with the correct form of *hacer*, *poner* or *salir*, according to the meaning of the sentence.

1. Manuel y yo queremos _____ un viaje a Chile en enero.

2. Mis tíos _____ para el aeropuerto mañana a las diez.

3. Yo siempre _____ el radio cuando _____

mi trabajo.

4. Si nosotros _____ estos ejercicios rápidamente,

_____ con Uds.

5. Yo _____ de la clase a la una, pero Mario no

_____ hasta las dos.

24. Present Tense of Stem-Changing Verbs

A. Complete the sentences with the correct form of the verb in parentheses.

(querer)   1. Isabel y Fernando _____ almorzar en casa

pero Pilar y yo _____ salir. ¿Qué

_____ hacer tú?

(volver)   2. Nosotras _____ en tren con Sergio pero

Felipe _____ en coche con sus amigos.

¿Cómo _____ Uds.?

(pedir)   3. Por lo general Tomás _____ cerveza; Rita y

Carmén _____ Coca Cola y Pepe y yo

_____ café.

4. ¿Qué están haciendo ellos ahora?

(dormir)   Están _____.

(pedir)   Están _____ café.

(servir)   Están _____ la comida.

(jugar)   Están _____ al tenis.

(volver)   Están _____ a casa.

B. Change to the plural.

1. No quiero ir.   _____

2. Pienso salir.   _____

3. Prefiero cantar.   _____

4. No duermo bastante.   _____

5. Almuerzo temprano.   _____

6. Nunca cierro las puertas.   _____

C. Change to the singular.

1. Jugamos todas las tardes.   _____

2. ¿Sirven ellos ahora?   _____

3. ¿A qué hora empiezan Uds.?   _____

4. ¿Podemos empezar a comer?   _____

5. Pedimos una limonada.   _____

D. Complete the sentences with the correct form of one of the verbs given for each group, according to the meaning of the sentence.

almorzar   jugar   llover   pensar

1. ¿Cuándo _____ Uds. visitar el museo?

2. En verano yo siempre _____ béisbol en la noche.

3. Nosotros _____ en el patio cuando hace calor.

4. Por lo general _____ poco en el desierto.

dormir   pedir   preferir   servir

5. Es muy tarde y los niños están _____ ahora.

6. Juan siempre _____ cerveza, pero yo _____

un refresco.

7. En este momento los camareros están _____ la comida.

cerrar   empezar   nevar   volver

8. Nosotros _____ a casa antes de las seis.

9. ¿A qué hora se _____ las puertas?

10. En invierno _____ mucho en las montañas.

11. Ellos _____ a servir la comida a las siete.

25. *Comparisons*

A. Change *tan...como* to *más/menos...que*.

1. Este curso es tan difícil como el curso de francés.

_____

2. Los hermanos de Diego son tan simpáticos como él.

_____

3. Esta silla es tan alta como ésa.

_____

B. Change *más/menos...que* to *tan...como*.

1. Este restaurante es menos caro que ése.

   _____

2. Esta camisa está más sucia que ésa.

   _____

3. Esos edificios son más viejos que éstos.

   _____

C. Answer by describing the drawing.

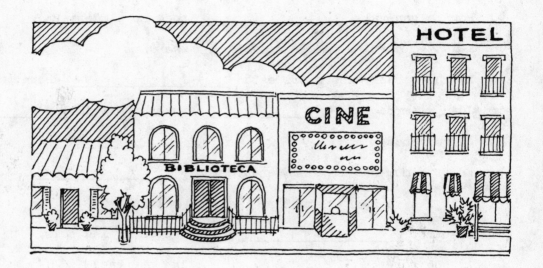

1. ¿Es el hotel tan grande como la biblioteca?

   _____

2. ¿Es la casa menos grande que el cine?

   _____

3. ¿Es la casa más grande que el hotel?

   _____

4. ¿Es el cine tan bajo como la casa?

   _____

5. ¿Es la biblioteca más alta que el cine?

   _____

D. Give the adjective opposite in meaning.

1. las peores películas _____

2. el mejor hotel _____

3. la hermana menor _____

4. los hijos mayores _____

E. Complete each sentence with the appropriate comparative form of *mayor*, *menor*, *peor* or *mejor*, according to the meaning of the sentence.

1. Este curso es bueno pero el curso de matemáticas es _____.

2. Pedro tiene doce años y su hermana Ana tiene once. Pedro es

   _____ que Ana. Ana es _____ que Pedro.

3. Los vinos franceses son buenos pero yo creo que los vinos de

   California son _____.

4. El tiempo aquí es malo pero en Alaska es _____.

F. Complete the sentences with the appropriate form of *más/menos...que* or *tanto...como*, according to the drawings.

1. Juan tiene _____ dinero _____ Pedro.

2. Pedro tiene _____ pesos _____ María.

3. Pedro tiene _____ dinero _____ Juan.

4. María tiene _____ pesos _____ Ana.

5. Pedro no tiene _____ dinero _____ Ana.

G. Answer according to the cue, using comparisons.

Ejemplo: Juan tiene muchas maletas, ¿verdad? (tantas / yo) →

Sí, pero no tiene tantas como yo.

1. Ana María tiene muchos parientes, ¿verdad? (tantos / Carlos)

Sí, pero _____

2. Este cine pone muchas películas mexicanas, ¿verdad? (tantas / el Cine Central)

Sí, pero _____

3. Hace mucho viento en el patio, ¿verdad? (tanto / aquí)

Sí, pero _____

4. Carmen tiene mucho sueño, ¿verdad? (tanto / yo)

Sí, pero _____

H. Write in Spanish.

1. Sergio is as thirsty as I (am).

_____

2. Her sisters are older than she (is).

_____

3. That movie is better than this one.

_____

4. Spring is as beautiful as fall.

_____

5. There are as many students in this class as in that one.

_____

ADAPTACIÓN DEL DIÁLOGO

Fill in the blanks with the most appropriate words to form a narrative summary of the *Cartas de dos amigos*.

. Nicolás manda una _____ a su _____ Héctor que

rive en Buenos Aires. Nicolás también _____ de Buenos Aires,

pero ahora _____ viajando por Centro América y escribe de un

hotel que está _____ de Ailigandí, un pueblo _____

y muy _____. El camarero _____ muchos refrescos,

pero no hay _____ y el pobre muchacho todavía tiene mucha

_____ porque _____ un calor terrible.

Nicolás pregunta a _____ policía _____ estaciones

hay en San Blas y el policía, con _____ humor, contesta que

_____ dos: la estación de _____ y la estación

de policía. Después de _____ al hotel, _____ el

radio. Cuando oye la música de Buenos Aires tiene _____ de vol-

ver pronto a su _____.

En pocos días va a ir a _____ para tomar un avión a Buenos

Aires. Para llegar a Panamá tiene que _____ el autobús. Según

Nicolás el autobús es _____ incómodo que el tren. Piensa

_____ a Buenos Aires el _____ si sobrevive el

viaje.

3. Después de varios _____ Héctor contesta su carta del 6 de

agosto. Es el 31 de _____ y _____ perdón por la

_____ pero todos los años él _____ de Buenos

Aires con su familia durante los meses de julio, agosto y setiembre porque

durante esos meses _____ mucho frío allí. Pero en la playa

hace un _____ magnífico.

UN POCO DE TODO

A. Change to the singular.

1. Empezamos a comprender mejor estos ejercicios.

_____

2. Si Uds. no vuelven temprano no pueden salir con nosotros.

   _____

3. Las tiendas están cerradas pero los cines están abiertos.

   _____

4. ¿Prefieren Uds. regresar ahora o quieren jugar más?

   _____

5. ¿Almorzamos ahora o sólo pedimos unos refrescos?

   _____

6. Pensamos ir a los mejores restaurantes de la ciudad.

   _____

B. Form complete sentences using the words provided in the order given. Make any necessary changes, and add other words when necessary. Replace each ? with the appropriate form of *ser* or *estar*.

   1. Pilar/?/ocupado/y/no/poder/ir/cine/este/noche

      _____

   2. este/calles/?/muy/sucio

      _____

   3. mi/primos/?/peruano;/?/de/Lima/pero/ahora/?/en/los Estados Unidos

      _____

   4. (nosotros) pensar/volver/playa/este/verano/porque/allí/hacer/fresco/que/aquí

      _____

      _____

   5. cuando/llover,/(yo) preferir/no/salir/casa

      _____

C. On a separate sheet of paper, write a short paragraph that describes your vacation plans. Use these questions as a guide.

   1. ¿En qué mes piensa ir de vacaciones? 2. ¿Adónde quiere ir? 3. ¿Con quién(es) va? 4. ¿Cuánto tiempo piensa estar allí? 5. ¿Cómo va a hacer el viaje? 6. ¿Qué tiempo hace allí? ¿Llueve o nieva allí? 7. ¿Va a vivir en un hotel o en casa de unos amigos? 8. ¿Qué ropa piensa llevar? 9. ¿Qué cosas quiere hacer allí? 10. ¿Cuándo va a volver?

Capítulo 6

VOCABULARIO: PREPARACIÓN

A. Complete the sentences with the most appropriate items from the list on the right. Use items only once. Some items will not be used.

1. Mi hermana es vegetariana y por eso no come

    _____.

2. De entremés voy a pedir _____.

3. Con el pescado prefiero tomar _____

    o cerveza.

4. De entrada van a pedir el _____.

5. Después de comer en un restaurante

    _____.

6. No tengo hambre porque _____.

7. El _____ es una sopa _____

    de tomates.

8. El camarero _____ el bistec pero yo

    prefiero el jamón.

9. La _____ de la casa es la paella.

10. Mi _____ favorito es el flan.

11. ¿Quieren Uds. vino _____ o blanco?

acabo de cenar
carne
cena
especialidad
flan
fría
gazpacho
pagamos la cuenta
pedimos el menú
pide
pollo
postre
preparamos la cena
queso
recomienda
rojo
tinto
vino blanco

MINIDIÁLOGOS Y GRAMÁTICA

26. *Indefinite and Negative Words*

   A. Change to the negative.

      1. Cecilia está hablando con alguien.

         _____

2. Quiero comer algo aquí.

_____

3. Siempre cenan en casa. *(two ways)*

_____   _____

4. Paco quiere postre también.

_____

5. Algunos estudiantes prefieren cenar aquí.

_____

B. Answer by completing the statements according to the cue.

Ejemplo: ¿Buscas algo? → Sí, busco algo.

→ No, no busco nada.

1. ¿Quieres algo?   Sí, _____

No, _____

2. ¿Hay alguien en la   Sí, _____
   calle?
                           No, _____

3. ¿Siempre cena Ud.   Sí, _____
   tan tarde?
                           No, _____

4. ¿Viene alguien?   Sí, _____ viene

No, _____ viene

5. ¿Hay algunas cartas   Sí, _____
   para mí?
                           No, _____

C. Answer the questions, using *tampoco* or *también* as appropriate.

1. —Yo no hablo   —Yo _____.
   francés. ¿Y tú?

2. —Yo no tengo dinero. —Yo _____.
   ¿Y tú?

3. —Yo hablo un poco   —Yo _____.
   de español. ¿Y tú?

4. —Yo casi nunca miro   —Yo _____.
   la televisión. ¿Y
   tú?

5.   —Voy a tomar café.   —Yo _____.
     ¿Y tú?

D.   Write in Spanish the following conversation between you and a friend.
     The dialog takes place in a restaurant.

   YOU: Do you want to order some appetizers?
FRIEND: No, none. I never have much dinner. I'm on a diet.
   YOU: Me (yo), too. How about (¿Qué tal..) a good gazpacho?
FRIEND: Good idea. And a salad, also.
   YOU: Is someone coming?
FRIEND   Yes, here comes the waiter.

   UD.:   _____

AMIGO/A: _____

   UD.:   _____

AMIGO/A: _____

   UD.:   _____

AMIGO/A: _____

27. *Present Tense of decir, oir, traer and ver*

A.   Complete the sentences with the correct form of the verb given in
     parentheses.

   1. *(decir)* No estamos de acuerdo. Yo _____ que quiero

       salir; Jorge _____ que tiene que estudiar;

       Anita y Memo _____ que no tienen bastante

       dinero; y tú _____ que estás cansado. ¿Qué

       _____ (nosotros) a los otros?

   2. *(oir)* De aquí no se _____ el teléfono.

       ¿_____ Uds. la música? Yo no _____

       mucho pero vamos allá para ver si (nosotros) _____

       mejor.

   3. *(traer)* Para la fiesta de mañana, ¿quién _____ las

       bebidas? Jorge y Carlos _____ las Coca

       Colas y yo _____ el café. Y, ¿quién

_____ el pastel? Tomás y yo _____

el pastel y los platos.

4. (ver) ¿_____ Uds. un plato típico peruano en el

menú? Nosotros _____ muchos postres, pero

yo no _____ flan. Marcos, ¿_____

(tú) mi cartera?

B. Answer according to the cue.

1. ¿Qué traen Uds. de postre? (flan)

_____

2. ¿Qué programa ves ahora? (programa de música)

_____

3. ¿Trae Ud. dinero? (sí, cien pesos)

_____

4. ¿Dicen Uds. que sí o que no? (que sí)

_____

5. ¿Y qué dices tú? (que sí, también)

_____

6. ¿Oyen Uds. bien? (sí, muy bien)

_____

7. ¿Oyes lo que (_what_) dice el señor? (no, sólo la música)

_____

28. _Use of personal a_

A. Fill in the blank with the personal _a_, when necessary. Remember that
_a_ + _el_ = _al_.

1. No veo _____ María.

2. Mis padres recomiendan _____ este restaurante.

3. ¿Por qué no llamas _____ el camarero ahora?

4. Estoy buscando _____ los señores López.

5. No espero _____ nadie.

6. ¿_____ quién vas a llamar? ¿_____ Pablo?

7. ¿Por qué no invitas _____ las hermanas de José?

B. Form complete sentences using the items provided in the order given. Make any necessary changes, and add other words when necessary.

1. nosotros / buscar / uno / teléfono

   _____

2. yo / ver / alguien / en / puerta

   _____

3. ellos / escuchar / el / profesor Sánchez

   _____

4. Juanito / mirar / su / amigo

   _____

5. ¿ / quién / llamar (tú) / ahora / ?

   _____

C. Write in Spanish.

1. I'm looking for Juan. _____

2. Are you going to recommend someone? _____

3. They don't see the house. _____

4. We're going to listen to the professor. _____

5. We always listen to the radio. _____

29. *Direct Object Pronouns*

A. Change the direct object nouns to pronouns and place them in the proper position.

   Ejemplo: ¿Dónde pones los platos? → ¿Dónde los pones?

1. ¿Quién compra el vino? _____

2. ¿Cómo quieres la ensalada? _____

3. José sirve las bebidas. _____

4. ¿Vas a celebrar tu
   cumpleaños? *(two ways)* _____
   _____

5. Estoy leyendo la carta.
   (two ways) _____
   _____

6. ¿Por qué no llamas a los
   señores García? _____

B. Answer according to the cue. Change direct object nouns to pronouns and
   place them in the proper position.

   Ejemplo: ¿Quién está escuchando el radio? (yo) →

   Yo estoy escuchándolo. (Yo lo estoy escuchando.)

   1. ¿Quién tiene tu número de teléfono? (Juan)

   _____

   2. ¿Para cuándo necesitan Uds. los ejercicios? (para mañana)

   _____

   3. ¿Quién acaba de llamar a Cecilia? (Pablo)

   _____

   4. ¿Quién está mirando la televisión? (los niños)

   _____

   5. ¿Quién te lleva a la fiesta? (Pepe)

   _____

   6. ¿Cuándo piensas llamarnos? (mañana)

   _____

C. Answer the following questions using direct object pronouns.

   1. ¿Me invitas tú? _____

   2. ¿Nos *(masc.)* necesitan
      Uds.? _____

   3. ¿Me *(fem.)* llaman Uds.
      a las ocho? _____

   4. ¿Nos *(fem.)* llevas en
      tu coche? _____

5. ¿A Uds. las lleva Pepe? _____

6. ¿Estás preparando el _____
   postre? *(two ways)*
   _____

7. ¿Vas a invitar a las _____
   chicas? *(two ways)*
   _____

30. *Saber versus conocer*

A. Rewrite the sentences with the verb form(s) that correspond(s) to the new subject.

1. ¿Saben ellas bailar el tango?

   _____ tú _____

2. David no conoce muy bien al dueño.

   Nosotros _____

3. Ellos conocen a Pablo pero no saben dónde vive.

   Yo _____

4. No conocemos a su novia pero sabemos que se llama Luisa.

   Ella _____

B. Complete the sentences with the correct forms of *saber* or *conocer*, according to the meaning of the sentence.

1. Ellas no _____ a mi primo.

2. Yo no _____ a qué hora llegan del teatro.

3. ¿_____ (tú) tocar el piano?

4. Necesitan _____ a qué hora vas a venir.

5. Nosotros _____ a los padres de Paquita pero no

   _____ el número de su teléfono.

6. Acaban de _____ al presidente del club.

C. Write in Spanish.

1. I know the owners. _____

2. We want to meet them. _____

3. I don't know who she is.   _____

4. Does she know how to   _____
    sing?

5. They know his parents.   _____

6. Do you know where she   _____
    works?

7. Do they know how to   _____
    speak Spanish?

ADAPTACIÓN DEL DIÁLOGO

Fill in the blanks with the most appropriate words to form a narrative summary
of the *Diálogo*.

A. Manual, un amigo de Ana María, _____ de llegar a Madrid y

    _____ llama por teléfono. Ella no _____ bien,

    pero por fin reconoce (*recognizes*) la _____ de Manuel y pre-

    gunta qué lo _____ por allá. Manuel _____

    que está de _____ y la invita a _____ con él

    en El Toledano. Ella dice que _____ el lugar, pero no muy

    bien. Ella no está _____ nada y tampoco tiene _____

    para esa _____. Manuel le dice que a las 9:30 va a

    _____ por _____.

B. Cuando ya están en el restaurante Manuel pide la _____. De

    _____ pide un vermú para _____ y para él un

    _____. De plato fuerte decide comer el _____

    a la _____ con _____ y _____.

    También pide ensalada de _____ y _____, y de

    postre, _____ flan. Con la comida van a tomar _____

    y al final, café.

    Ana María protesta porque está _____ pero Manuel dice

    que no importa porque luego pueden _____.

UN POCO DE TODO

A. *Por teléfono.* Fill in the blanks with the correct word(s) in parentheses
    to complete the dialog between Ana and Pablo.

    ANA: Oye, Pablo, ¿no _____ tú _____ profesor Vargas?
                          (conoces, sabes)   (a, al, el)

  PABLO: No, yo no _____ _____. ¿Por qué?
                         (él, lo)   (sé, conozco)

    ANA: Pues, el viernes en la universidad va a dar una conferencia

        (*lecture*) interesante sobre la mujer en la revolución mexicana.

        ¿No quieres ir? Yo _____ que va a ser muy buena.
                                   (sé, conozco)

  PABLO: Oye, Ana, casi _____ tengo tiempo libre (*free*) los
                              (siempre, nunca)

        viernes y este viernes tengo varios compromisos.

    ANA: Pues, yo no tengo mucho tiempo libre _____, pero
                                (también, tampoco)

        voy a asistir. _____ señor Vargas siempre _____
                     (Al, El)   (ve, trae)

        diapositivas (*slides*) fascinantes y tengo ganas de _____.
                                        (verlas, oirlas)

B. Form complete sentences, using the words provided in the order given. Make
    any necessary changes, and add other words when necessary.

    1. nosotros / ver / ninguno / libro / de / historia

    _____

    2. (yo) acabar / conocer / los Gómez.   ser / muy / simpático

    _____

    3. ¿Y / cuenta?   ¿Cuándo / la / traer / camarero?

    _____

    4. (yo) oir / alguien, / pero / no / ver / nadie

    _____

    5. ¿las bebidas?   (nosotros) estar / pedir / las / ahora

    _____

C. Combine the following pairs of sentences, according to the models.

Ejemplos: 1. Ellos no piensan preparar la comida. Yo, tampoco. →

Si ellos no preparan la comida, yo no la preparo tampoco.

2. No pensamos llamar al dueño. Ellos, tampoco. →

Si no llamamos al dueño, ellos no lo llaman tampoco.

1. Yo no pienso decirlo. Ellos, tampoco.

_____

2. Mis primos no piensan ver la película. Yo, tampoco.

_____

3. José Luis no piensa escuchar el programa. Nosotros, tampoco.

_____

4. Tú no piensas tomar sopa. Yo, tampoco.

_____

D. On a separate sheet of paper, write a paragraph of about 100 words that describes the events shown in the drawings. Use the questions as a guide, and invent any details you need.

1. ¿A quién llaman José y Miguel? ¿Adónde lo invitan? ¿Conoce Tomás el restaurante, El Toledano? ¿Sus amigos lo conocen?

2. ¿A qué hora pasan por su amigo? ¿Dónde vive Tomás? ¿Cómo van al restaurante?

3. ¿La mesa de los muchachos está lejos o cerca del escenario (*stage*)? ¿Hay mucha o poca gente (*people*)? ¿Qué pide cada uno (*each*) de los jóvenes?

4. ¿Qué hacen en el restaurante? ¿Qué oyen durante la cena?

5. Después de comer, ¿qué hacen?

6. ¿Salen disgustados del restaurante?

DIVERSIÓN: Crucigrama

Horizontales

3. No hay - - - - tan interesante como la clase de español.
5. primera persona singular de conocer
9. Yo no - - nada de la comida peruana.
11. antónimo de ningún
13. ¿Quién va a traer el vino? ¿Lo - - - - - - yo?
15. todo el tiempo, todos los días
16. - - sé nada de la música clásica.
17. ¿La especialidad de la casa? No - - tenemos hoy.
18. una cosa
19. primera persona singular de decir

Verticales

1. primera persona singular de ver
2. La cantante tiene una - - - preciosa.
4. alguna persona
6. ninguna persona
7. Oigo la música. ¿La - - - - tú?
8. ¿No lo sabes tú? Yo - - - - - - - lo sé.
9. segunda persona singular de saber
10. antónimo de ella
12. antónimo de 15 horizontal
14. primera persona singular de oir
17. ¿El coche? No - - veo.

Capítulo 7

VOCABULARIO: PREPARACIÓN

Complete the sentences with the most appropriate items from the list on the right. Use items only once. Some items will not be used.

1. Antes de _____ al avión es necesario

   comprar el _____ y facturar el

   _____ .

2. El _____ #68 está _____ ;

   hay una _____ de media hora.

3. Vamos a pedir un _____ en la sección

   de no _____ porque tengo alergia a los

   cigarrillos.

4. Quiero _____ del avión si hace

   _____ en Londres.

5. La _____ y el _____ van

   a servir el desayuno.

6. En la _____ de espera hay muchos

   _____ que están esperando su vuelo.

7. Los padres de Carmen tienen que _____

   para comprar sus boletos. Debemos

   _____ para ellos en el café.

8. Quiero _____ esta tarde

   porque el avión sale muy temprano mañana.

asiento
atrasado
azafata
bajar
boleto
camarero
comida
demora
equipaje
escala
fumar
guardar un
  puesto
hacer cola
hacer las ma-
  letas
pasajeros
sala
subir
vuelo

31. Indirect Object Pronouns

A. Rewrite the sentences, inserting the appropriate indirect object pronoun according to the cue.

Ejemplo: Yo busco una silla. (a ti) → <u>Yo te busco una silla.</u>

1. ¿Cuándo compras los boletos? (a nosotros)

   _____

2. ¿Qué restaurante puedes recomendar? (a mí)

   _____

3. ¿Por qué no escribes una carta? (a Luisa)

   _____

4. Pienso dar un regalo. (a mis padres)

   _____

5. Yo traigo el equipaje. (a Uds.)

   _____

6. José está diciendo la verdad. (a Ud.)

   _____

B. Form complete sentences by putting the following words in order.

1. Julia / le / estas / llevo / flores / a

   _____

2. a / te / preparando / un / ti / estoy / pastel

   _____

3. guardo / asiento / a / les / Uds. / un

   _____

4. a / dar / a / un / voy / les / regalo / ellos

   _____

C. Form complete sentences, using the words provided in the order given. Make any necessary changes, and add other words when necessary. Be sure to add the appropriate indirect object pronoun.

Ejemplo: yo / buscar / camisa / Carlos → <u>Yo le busco una camisa a Carlos.</u>

1. yo / comprar / periódico / Uds. / después

   _____

2. mi / hermanos / ir / guardar / asientos / nosotros

   _____

3. tú / deber / preguntar / precio / dueño

   _____

4. nosotros / nunca / servir / cerveza / nuestro / hijas

   _____

5. ¿por qué / no / decir (tú) / verdad / tu / novia?

   _____

32. _Gustar_

   A. Complete each sentence with the correct form of _gustar_ and the indirect
   object pronoun.

   Ejemplo: A mí _____ el café. → <u>A mí me gusta el café.</u>

   1. ¿A ti _____ jugar en la nieve?

   2. A mi hija no _____ desayunar.

   3. A nosotros no _____ hacer muchas escalas.

   4. A nadie _____ los exámenes.

   5. A mí _____ los vuelos internacionales.

   6. A nosotros _____ los pasteles pero Jorge dice que

      no _____ los postres; a él sólo _____

      la fruta.

   7. ¿A Uds. _____ salir a comer?

   B. Form complete sentences, using the words provided in the order given.
   Make any necessary changes, and add other words when necessary.

   1. mi / hermano / gustar / volar / de noche

   _____

2. ¿ / Uds. / no / gustar / fumar / ?

_____

3. nadie / gustar / clases / de / esa / profesor

_____

4. mi / abuelos / no / gustar / canciones / moderno

_____

5. nosotros / gustar / comida / mexicano

_____

C. Write in Spanish.

1. My parents like to watch the news (_las noticias_).

_____

2. My brother likes football (_el fútbol_).

_____

3. My younger sister likes cartoons (_los dibujos animados_).

_____

4. My older sister likes romantic movies.

_____

5. And I like all the programs.

_____

33. _Adverbs_

A. Change the adjectives to adverbs.

1. fácil   _____

2. inmediato   _____

3. impaciente   _____

4. lógico   _____

5. total   _____

6. directo   _____

7. aproximado   _____

8. cómodo _____

B. Complete the sentences with adverbs based on the following adjectives:

    aproximado   *final*   *posible*   *sincero*   *solo*   *tranquilo*

1. Después de jugar todo el día, los niños están durmiendo

    _____ .

2. _____ vamos a subir al avión después de

    esperar casi una hora.

3. No sé cuando llegan mis amigos. _____ mañana.

4. Creo que son _____ las dos y media.

5. Te digo _____ que no me gusta esa mujer.

6. Juan tiene cien pesos pero yo _____ tengo

    cincuenta.

34. *Formal Commands*

A. Answer with the *usted* or *ustedes* command forms, according to the models.

    Ejemplos: 1. ¿Comemos ahora? → No, coman después.

               2. ¿Puedo trabajar a las siete? → No, trabaje a las ocho.

1. ¿Regreso en taxi?   No, _____ en autobús.

2. ¿Comemos con Ud.?   No, _____ sin mí.

3. ¿Salgo ahora?   No, _____ después.

4. ¿Pedimos cerveza?   No, _____ vino.

5. ¿Volvemos esta noche?   No, _____ en la tarde.

6. ¿Hacemos ensalada?   No, _____ postre.

7. ¿Empiezo ahora?   No, _____ más tarde.

8. ¿Puedo venir esta tarde?   No, _____ esta noche.

9. ¿Debemos estar aquí a la una?   No, _____ aquí antes.

10. ¿Debo ir al mostrador (*ticket*   No, _____ a la sala

    counter)?   de espera.

B. Mr. Díaz has asked you if he should do several things right now.
   Answer first with a negative command, telling him not to act now, then
   with an affirmative command, telling him to act later. Change object
   nouns to pronouns. Remember to use accents in the affirmative commands, when necessary.

   Ejemplo: ¿Estudio la lección ahora? →

                 No, no la estudie ahora, estúdiela después.

   1. ¿Traigo las maletas ahora?

   _____

   2. ¿Digo la verdad ahora?

   _____

   3. ¿Veo esa película hoy? (mañana)

   _____

   4. ¿Busco al otro pasajero ahora?

   _____

   5. ¿Pago la cuenta ahora?

   _____

   6. ¿Debo saber todo esto para hoy? (mañana)

   _____

C. Give affirmative or negative commands, as appropriate, to your friends,
   Emilio and Mercedes, in response to each of their statements. Change
   object nouns to pronouns.

   Ejemplos: 1. No queremos salir. → Entonces (then), no salgan.

              2. Vamos a pedir el bacalao. → Muy bien, pídanlo.

   1. Vamos a hacer las maletas.

       Muy bien, _____

   2. No queremos empezar la comida todavía.

       Entonces, _____

   3. Queremos servir la cena ahora.

       Muy bien, _____

4. Vamos a preguntarle a Cecilia.

    Muy bien, _____

5. No queremos volver esta noche.

    Entonces, _____

35. Numbers over 100

A. Write the following numbers in arabic numerals.

1. ciento once   _____

2. cuatrocientos setenta y seis   _____

3. quince mil setecientos catorce   _____

4. setecientos mil quinientos   _____

5. ochocientos cincuenta y dos mil   _____

6. mil novecientos sesenta y cinco   _____

7. un millón trece   _____

B. Write out the numbers.

1. 100 personas   _____

2. 101 dólares   _____

3. 678 pesetas   _____

4. en el año 1776   _____

5. 282.900 habitantes _____

6. 1.000.000 de pesos _____

7. 9.999.551 pesetas   _____

                        _____

ADAPTACIÓN DEL DIÁLOGO

Fill in the blanks with the most appropriate words to form a narrative summary
of the Diálogo.

A. Francisca y Rosalba son dos jóvenes _____ que van a

    _____ un viaje a Buenos Aires.

A Francisca y Rosalba _____ gusta viajar en clase

_____ porque les parece más _____ y no es tan

_____ y _____. El empleado _____

da dos pasajes para el vuelo 257 y les dice que tienen que _____

en el aeropuerto a las _____, una hora _____

de salir el avión. Les dice que se sirve el _____ en el avión

B. El día del viaje las dos llegan _____ al aeropuerto.

Rosalba lleva las maletas para _____ las. Francisca

_____ guarda un _____ en la cola.

C. Un poco más tarde ellas le dan sus boletos y pasaportes a la empleada que

_____ dice que ahora deben ir a _____. Para

llegar allí tienen que _____ todo derecho por la sala de

espera y luego deben _____ a la izquierda. Su avión vuela

_____ a Buenos Aires _____ hacer escalas.

La empleada les pregunta si quieren asientos en la _____

de no fumar. No _____, pero dicen que no importa. Entonces,

ella las pone en la _____ del avión con un grupo estudiantil

que _____ a Argentina.

UN POCO DE TODO

A. Answer the questions, using the words provided in the order given. Make any
necessary changes, and add other words when necessary. Change italicized
adjectives to adverbs.

Ejemplo: ¿A qué hora les sirven la cena a Uds.?

servir / cena / *puntual* / ocho →

Nos sirven la cena puntualmente a las ocho.

1. ¿Cómo puedo llevar estos libros?

poder / llevar / *fácil* / en / maleta

_____

2. ¿Qué hace Ud. cuando su mamá está cansada y tiene sed?

   traer / *rápido* / silla / y / dar / refresco

   _____

3. ¿Qué hace si tiene compromiso para ir al cine con unos amigos y Ud.

   llega primero al teatro?

   guardar / puesto / cola / para / comprar / boletos

   _____

4. ¿Qué hace cuando sus amigos vienen a su casa para visitarlo/la?

   gustar / servir / refrescos / y / *posible* / algo de comer

   _____

5. ¿A Uds. qué les gusta hacer cuando es el cumpleaños de un amigo/a?

   gustar / llevar / flores / o / dar / regalo

   _____

B. You are going to take a trip tomorrow with two friends. Give them some
   last-minute instructions. Use the items provided in the order given.
   Make any necessary changes, and add other words when necessary.

   Ejemplo: no / fumar / coche → No fumen en el coche.

   1. no / olvidar / boletos

   _____

   2. ir / banco / este / tarde

   _____

   3. hacer / maletas / este / noche

   _____

   4. no / traer / demasiado / equipaje

   _____

   5. poner / gasolina / coche

   _____

6. cerrar / bien / todo / puertas / y / ventanas (*windows*)

   _____

7. venir / buscar / me / 7:30 / y / no / llegar / atrasado

   _____

C. Write in Spanish.

   1. I like to travel comfortably.

      _____

   2. My father doesn't like to fly.

      _____

   3. Do you (*familiar*) like those post cards?

      _____

   4. Give (*formal*) her the tickets and wait for us at the door.

      _____

   5. Don't speak (*formal*) so rapidly to them.

      _____

   6. Don't be so impatient (*formal*, *plural*).

      _____

D. Complete the following dialog. Scan the entire dialog before you begin to write.

   Usted quiere comprar tres pasajes para ir de Buenos Aires a Lima. Ud. y sus dos amigos tienen que estar allí el viernes 22.

   AGENTE: Dígame, señor(ita). ¿En qué puedo ayudarle?

   USTED: _____

   AGENTE: ¿Para qué fecha?

   USTED: _____

   AGENTE: Los únicos vuelos que tenemos salen los lunes, miércoles y sábados.

   USTED: _____

   AGENTE: Sale a las 11:00 de la noche y llega a las 6:00 de la mañana del día siguiente.

   USTED: _____

AGENTE: ¿En primera clase o en clase turística?

USTED: _____

AGENTE: Un momento. Sí, hay tres para el miércoles.

USTED: _____

AGENTE: Son 320,000 pesos cada uno (*each*).

USTED: _____

AGENTE: ¿En dólares? Pues, son $200.00 cada uno, más los impuestos (*taxes*), total $230.00.

USTED: _____

AGENTE: Deben estar allí una hora antes. Tienen que pasar por emigración. ¿Va a pagar hoy?

USTED: _____

AGENTE: Sí, cómo no. Haga el cheque a nombre de Aerolíneas Argentinas.

DIVERSIÓN: *¿Tiene Ud. prisa?* How quickly can you discover the word hidden in these clues? Add or subtract the letters of the words defined below, and re-arrange the letters left to form:

_ _ _ _ _ _ _ _ _ _ _

1. El abuelo es el _____ de mi madre.   + _ _ _ _ _

2. La esposa de mi padre es mi _____.   + _ _ _ _ _

3. Rojo en inglés.   - _ _ _

4. Sinónimo de inteligente.   + _ _ _ _ _

5. Cuando hace calor, generalmente hace _____. - _ _ _

6. "*In*" en español.   + _ _

Capítulo 8

VOCABULARIO: PREPARACIÓN

A. Write a complete sentence that describes what is happening in each drawing. Use the progressive (*-ndo*) form of the verb.

1. _____

2. _____

3. _____

4. _____

5. _____

6. _____

B. Complete the sentences with the most appropriate items from the list on the right.

1. Después de bañar al niño debes _____ inmediatamente.

2. El despertador _____ a las siete y media.

3. El humor de Steve Martin _____ mucho.

4. La mamá _____ al bebé todos los días.

5. Es difícil _____ este sofá porque es muy pesado (*heavy*).

6. El barbero me _____ muy rápidamente.

7. Después de comer nosotros _____ los platos de la mesa.

8. Tengo que _____ a los niños porque ya es muy tarde.

9. El dueño del restaurante _____ cerca de la cocina.

acostar
afeita
baña
me despierta
me divierte
levantar
limpia la casa
quitamos
quitar
saca la basura
nos sienta
vestirlo

C. Answer in a complete sentence.

1. ¿Para qué usamos la estufa?

_____

2. ¿En qué se prepara el café?

_____

3. ¿Qué hacemos con la lavadora y con la secadora de ropa?

_____

4. ¿Para qué sirve el refrigerador?

_____

PRONUNCIACIÓN

Write in all accent marks where needed.

1. Tomas, ¿por que no tomas mas cafe?

2. ¿Las lecciones? Terminelas despues.

3. Digame el nombre del profesor de ingles.

4. ¿Los examenes? Esta niña esta tomandolos ahora.

5. Canteme otra cancion.

MINIDIÁLOGOS Y GRAMÁTICA

36. Reflexive Pronouns

A. Fill in the blanks with the appropriate forms of the reflexive pronouns.

1. Yo _____ llamo Juan y mi hermana _____ llama Inés.

2. Nuestros padres _____ llaman Carlos y Luisa.

3. ¿Por qué _____ pones esa blusa hoy?

4. ¿_____ despiertan Uds. tarde los sábados?

5. Después de levantarnos _____ bañamos y _____ vestimos.

6. ¿Dónde _____ diviertes más, en el teatro o en el cine?

B. As a student advisor, give advice to a student who needs to improve his/her personal habits. Give affirmative or negative commands as appropriate, using the cues where they appear.

Ejemplo: Ud. nunca se quita el abrigo en clase. →

Quítese el abrigo en clase.

1. Ud. se acuesta y se levanta muy tarde. (más temprano)

_____

2. Ud. se divierte demasiado. (no, tanto)

_____

3. Ud. nunca se lava el pelo (hair).

_____

4. Ud. nunca se sienta derecho (*straight*).

   _____

5. Ud. nunca se pone zapatos.

   _____

6. Ud. no se baña bastante. (*más*)

   _____

7. Ud. se duerme en clase.

   _____

C. Fill in the blanks with the appropriate verb form and reflexive *or* object pronoun.

   Ejemplo: *(llamar/llamarse)*   Yo <u>me llamo</u> José Delgado.

                          ¿A Lola? <u>La llamo</u> después de comer.

   1. *(afeitar/afeitarse)*   Yo _____ todos los días.

      Si quieres, el barbero _____ después.

   2. *(lavar/lavarse)*   Nosotros tenemos que _____ las

      manos (*hands*) antes de comer.

      ¿Siempre _____ Ud. la ropa el sábado?

   3. *(acostar/acostarse)*   ¿Por qué no _____ (tú) a los niños?

      ¿Por qué no _____ (tú) ahora?

   4. *(vestir/vestirse)*   María está _____ rápidamente para

      salir.

      Antes de salir tiene que _____ a su

      bebé.

   5. *(sentar/sentarse)*   ¡_____ Uds. aquí en esta mesa!

      La azafata _____ a los pasajeros.

37. *Reciprocal Action With Reflexive Pronouns*

Write in Spanish.

1. Those friends love one another very much.

   _____

2. Brothers and sisters must help one another.

   _____

3. Cecilia and Eva call each other on the phone every day.

   _____

4. Gabriela y Jaime know each other well.

   _____

5. We send each other gifts for Christmas.

   _____

6. We see each other only every three years.

   _____

38. *Preterite of Regular Verbs and dar, hacer, ir and ser*

   A. Complete the sentences with the correct preterite form of the verb in parentheses.

   (hablar) 1. Ayer todos nosotros hablamos con alguien: Yo _____ con Luisa; Inés _____ con José; Miguel y Carlos _____ con Isabel; tú _____ con Ana; y vosotros _____ con todo el mundo.

   (comer) 2. La semana pasada nosotros no comimos en casa el lunes. Mamá y papá _____ en el club. Mi hermana María y yo _____ en casa de unos amigos; Cecilia _____ en la cafetería. Yo _____ en un restaurante mexicano. Y tú, ¿dónde _____? ¿Vosotros _____ allí también?

   (vivir) 3. Varios (*several*) de mis amigos vivieron antes en otras ciudades. Ricardo _____ en San Antonio. Pedro y Luisa _____ en Chicago. Tú _____ en Denver. Mis padres y yo _____ allí antes. Vosotros _____ en París, ¿verdad?

B. Complete the sentence with the correct preterite form of the verb in parentheses.

(dar) 1. Para su cumpleaños nosotros le _____ una fiesta.

2. Ellos me _____ ese despertador.

3. ¿Qué le _____ tú a Margarita?

4. Pilar le _____ a su novio un radio portátil.

5. A los señores Prado yo les _____ una botella de

vino tinto.

6. Y vosotros, ¿qué le _____ a Ramona?

(hacer) 7. Nuestra hermana _____ un viaje a Roma.

8. En setiembre nosotros _____ una fiesta para

Cecilia.

9. ¿Qué _____ Uds. en la biblioteca?

10. Ayer yo no _____ absolutamente nada.

11. ¿Qué _____ tú en Buenos Aires?

12. Vosotros _____ este pastel, ¿verdad?

(ir) 13. ¿Con quién _____ tú al cine anoche?

14. María y yo _____ al banco ayer.

15. Los señores López _____ a Europa en avión.

16. Juan no _____ a su casa para la Navidad.

17. Yo _____ con mi novia a una recepción muy elegant

18. ¿A dónde _____ vosotros de vacaciones?

(ser) 19. John Kennedy _____ presidente de los Estados

Unidos.

20. ¿Cuándo _____ Uds. estudiantes en la Universidad

de México?

21. Nosotros _____ profesores allí el verano pasado.

22. Yo _____ camarero cuando viví en Dallas.

23. ¿No _____ tú el novio de María Luisa González?

24. ¿_____ vosotros estudiantes del Dr. Díaz?

C. Change the italicized verbs to the preterite.

1. Juan *estudia* en la universidad durante el día y   _____

   por la noche *es* camarero en un restaurante.   _____

2. Mis abuelos *hacen* sus quehaceres domésticos por   _____

   la mañana y por la tarde *asisten* a clases de   _____

   francés. Allí *aprenden* algunas cosas interesantes   _____

   de Francia.

3. Yo *regreso* a casa cuando *empiezan*   _____   _____

   las vacaciones y *vivo* tres meses   _____

   con mis padres.

4. *Pasamos* los días sin preocupaciones: _____

   comemos bien, *escribimos* cartas a   _____   _____

   nuestros amigos y *trabajamos* unas   _____

   horas en la biblioteca.

5. A él le *gusta* vivir en casa durante el   _____

   verano. Se *levanta* tarde, *va* a la   _____   _____

   playa con amigos, no *estudia*, no   _____

   lava la ropa y no *asiste* a clases   _____   _____

   en la universidad.

D. Change the italicized verbs to the preterite.

1. *Busco* una aspiradora buena.   _____

2. Yo *pago* el desayuno.   _____

3. *Empiezo* a afeitarme a las 8:00.   _____

4. El *lee* un libro y ellas *leen* dos.   _____   _____

5. Ella no *cree* mis palabras pero ellos   _____

   sí las *creen*.   _____

39. *Double Object Pronouns*

    A. Change direct object nouns to pronouns, and make any necessary changes.

        Ejemplo: Le mando las flores ahora. → <u>Se las mando ahora.</u>

        1. Mi mamá nunca me lava la ropa.

           _____

        2. ¿Nos van a servir Uds. el café?

           _____

        3. ¿Quién les hace el postre?

           _____

        4. ¿Cuándo te venden el coche?

           _____

        5. Búsqueme el programa, por favor.

           _____

        6. Dígales la verdad.

           _____

        7. No me lave los platos todavía.

           _____

    B. Answer, using double object pronouns.

        Ejemplo: ¿Cuándo le manda Ud. el dinero a Juan? ¿Hoy? →

               <u>Sí, se lo mando hoy.</u> (No, no se lo mando hoy.)

        1. ¿Cuándo le das el regalo a tu papá? ¿Ahora?

           _____

        2. ¿Me guardas dos puestos en la cola?

           _____

        3. ¿Quién nos recomienda la película? ¿Juan?

           _____

        4. ¿Le estás lavando el coche a tu papá? *(two ways)*

           _____

5. ¿Quién te explica los problemas? ¿La profesora?

_____

6. ¿Quién acaba de servirte el café? ¿El camarero? *(two ways)*

_____

7. ¿Les llevas esta cafetera a los Pérez?

_____

C. Answer the questions with two command forms, first a negative, then an affirmative command. Follow the model.

Ejemplo: ¿Le explico la lección a Ud.? (a mí, no / a los estudiantes) →

    <u>No, no me la explique a mí. Explíquesela a los estudiantes.</u>

1. ¿Le doy la cuenta a Ud.? (a mí, no / a Francisco)

_____

2. ¿Les servimos la ensalada a Uds.? (a nosotros, no / a ella)

_____

3. ¿Le damos los 10 pesos a su hija? (a ella, no / a mi esposa)

_____

4. ¿Les mando el telegrama a sus primas? (a ellas, no / a mis tíos)

_____

40. Use of the Infinitive as a Verb Complement

A. Complete the sentences with *a*, *de*, *en* or *que*, as needed. Not all sentences require these words.

1. Para la clase de mañana hay _____ escribir dos composiciones.

2. Carlos acaba _____ llegar a Francia.

3. Ellos siempre insisten _____ comer temprano.

4. Esta tarde tenemos _____ preparar tres ejercicios.

5. No es difícil aprender _____ hablar inglés.

6. José Luis quiere _____ invitarte _____ salir el viernes.

7. Mi padre trata _____ bailar el tango pero no sabe _____ hacerlo.

B. Form complete sentences, using the words provided in the order given.
    Make any necessary changes, and add other words when necessary.

    1. si / tú querer / aprender / hablar / francés, / yo enseñarte

    _____

    2. estudiantes / tener / estudiar / mucho

    _____

    3. ellos / esperar / poder / hablar / bien / después de / año

    _____

    4. nosotros / acabar / vender / nuestro / casa

    _____

    5. ellos / insistir / empezar / comer / ahora

    _____

    6. ¿ / por qué / no / tratar (tú) / ayudar / tu / madre / ?

    _____

C. Write in Spanish.

    1. What time do you intend to leave?

    _____

    2. We're going to leave at seven.

    _____

    3. He's teaching me to play the piano.

    _____

    4. It's necessary to insist on speaking (*inf.*) only Spanish.

    _____

ADAPTACIÓN DEL DIÁLOGO

Fill in the blanks with the most appropriate words to form a summary of *Los anuncios*.

Algunos anuncios _____ primero en los Estados Unidos pero

ahora son _____. El anuncio que dice "_____ Coca

Cola, deliciosa y _____" aparece en todas _____

del mundo.

El Ministerio de _____ de un país _____ hizo

una _____ publicitaria oficial con un anuncio anti-_____

que dice: "Mate una y _____ mil."

Un turista estadounidense que _____ por España o Latino-

américa puede tener la _____ de que cada hombre se _____

con Gilette y que todos se _____ los dientes y se bañan con

productos _____.

En todas partes del _____ los anuncios tienen el mismo

_____ y muchas veces usan las _____ frases, y

parece que las mismas _____ hermosas nos _____

"¡Use . . .! ¡Compre! ¡_____ a sus amigos!

UN POCO DE TODO

A. Form complete sentences using the words provided in the order given. Make
   any necessary changes, and add other words when necessary. Pay particular
   attention to reflexive pronouns.

   1. mí / gustar / levantar / tarde / verano

   _____

   2. él / poner / abrigo / cuando / salir

   _____

   3. ella / tener / quitar / sombrero / clase

   _____

   4. por favor / no / acostar (Ud.) / tan / tarde

   _____

   5. el niño / deber / lavar / dientes / antes de / acostar

   _____

   6. nosotros / gustar / divertir / mucho / playa

   _____

B. Change to express reciprocal actions.

Ejemplo: Él me dio la mano a mí y yo le di la mano a él. →

Nos dimos la mano.

1. Pilar llamó a Raquel por teléfono y Raquel llamó a Pilar.

   _____

2. El conoció a Luisa y ella lo conoció a él en Madrid.

   _____

3. Yo busqué a Irma y ella me buscó a mí en el teatro.

   _____

4. Juan vio a Inés y ella lo vio a él antes de comer.

   _____

5. Mario miró a Elena y ella lo miró a él durante toda la clase.

   _____

C. Answer the questions, changing nouns to object pronouns, and using the preterite. Follow the model.

Ejemplo: ¿Juan va a llevarle el libro a Lola? → Ya se lo llevó.

1. ¿Ellos les van a dar flores a las chicas? _____

2. ¿Uds. le van a mandar la maleta a David? _____

3. ¿Me vas a lavar los platos? _____

4. ¿Tu papá te va a dar el dinero? _____

5. ¿Les vas a pagar los boletos a ellos? _____

D. On a separate sheet of paper, write a paragraph of about 100 words that tells what you did yesterday. Use the verbs provided *in the order given*, adding any other necessary words or phrases.

1. levantarse	6. leer	11. lavar los platos
2. lavarse	7. regresar	12. sentarse
3. hacer la cama	8. ayudar	13. mirar televisión
4. ir (a clase)	9. cenar	14. ver película
5. almorzar	10. terminar	15. bañarse
		16. acostarse

Ayer . . .

Capítulo 9

VOCABULARIO: PREPARACIÓN

A. Complete the sentences with the *correct form* of the most appropriate item from the list on the right.

1. El _____ me dio un _____

    de sueldo. Ahora gano cincuenta dólares más por (*each*) mes.

2. El director quiere _____ al empleado porque

    no está contento con su trabajo.

3. El año pasado el estado me _____ muchos

    impuestos del cheque.

4. Si no me pagan un sueldo mejor, voy a _____

    de puesto.

5. Cuando los dueños no están en la oficina, su hija

    funciona de (*as*) _____.

aumento
cambiar
despedir
director/a
funcionar
impuesto
jefe/a
quitar
siquiatra

B. Give the name of the profession or occupation which is described in the following sentences.

1. _____ Es dueño o director de una compañía que produce

    y vende productos.

2. _____ Es un trabajador sin especialización.

3. _____ Va a las casas para arreglar o instalar aparatos

    que usan agua.

4. _____ Generalmente tiene un almacén donde se venden

    diferentes tipos de artículos.

5. _____ Ayuda al doctor en su oficina o en el hospital.

6. _____ Prepara documentos legales para sus clientes.

7. _____ Es un médico que ayuda a las personas que tienen

problemas mentales o sicológicos.

MINIDIÁLOGOS Y GRAMÁTICA

41. Present Subjunctive: Introduction, Formation, Use with ojalá

A. Give the appropriate form of the present subjunctive of each verb.

1. Ojalá que yo _____ / no lo _____ /
                    cambiar   olvidar

   _____ hoy / lo _____ pronto.
        jugar   empezar

2. Ojalá que tú _____ / _____ eso / no
                   aprender   creer

   _____ / no _____ eso.
        insistir   permitir

3. Ojalá que Ud. lo _____ / lo _____ todo
                         saber   traer

   _____ el concierto / _____ al jefe.
        oir   ver

4. Ojalá que nosotros _____ ir / no _____
                          poder   pagar

   tanto / _____ pronto / _____ ahora.
              sentarse   empezar

5. Ojalá que Uds. _____ mejor / _____ /
                      estar   divertirse

   no _____ de hambre / la _____.
         morirse   despedir

6. Ojalá que nosotros _____ / _____ mejor
                          divertirse   dormir

   _____ en esta clase.
        seguir

B. Complete each sentence with the present subjunctive form of the verb in
    parentheses.

1. Ojalá que yo _____ un aumento de sueldo. (recibir)

2. Ojalá que tú _____ más este año. (ganar)

3. Ojalá que nosotros _____ bastante dinero. (tener)

4. Ojalá que Isabel se _____ el abrigo. (poner)

5. Ojalá que Uds. _____ el sábado. (venir)

6. Ojalá que el jefe me _____ ese puesto. (dar)

7. Ojalá que tú _____ directora del programa. (ser)

8. Ojalá que no _____ cola. (haber)

9. Ojalá que Uds. _____ esta noche. (ir)

42. *Use of the Subjunctive After Expressions of Willing*

A. What qualities are the boss and the employee looking for in each other?
   Complete each sentence by giving the appropriate present subjunctive
   form of the infinitive.

   1. La directora: Quiero que mis empleados . . .

      _____ (decir la verdad)

      _____ (llegar a tiempo)

      _____ (aceptar responsa-

      bilidades)

      _____ (saber escribir a

      máquina [type])

      _____ (no fumar en el

      trabajo)

   2. El empleado: Deseo que mi trabajo . . .

      _____ (resultar intere-

      sante)

      _____ (pagarme bien)

      _____ (no estar lejos de

      casa)

      _____ (darme oportunidad

      para avanzar [to

      advance])

B. Complete each sentence with the correct form of the verb: present
   indicative, preterite, infinitive, or present subjunctive.

Capítulo 9 - 101

Ejemplo: (venir) Quiero que Uds. __vengan__ esta noche porque mi novio

__viene__ también.

1. (ir)   Prefiero que Juan _____ a comprar la

carne porque cuando Pepe _____ la semana

pasada, no compró carne buena.

2. (estudiar) Yo le expliqué al profesor que anoche yo _____

cinco horas para el examen pero ahora él me dice que

_____ más.

3. (llevar) Cuando salgo con mi novia, ella siempre me pide que

_____ sus cigarrillos, pero no me gusta

_____ los.

4. (pedir)   Le recomiendo que _____ la paella porque

la última vez que yo _____ el bacalao, no

me gustó.

5. (hacer)   Dicen que mañana va a _____ mucho frío.

¿Por qué no le pides a mamá que _____

sopa?

C. Complete each sentence in the most logical manner, using one of the
verb phrases given. Make all necessary changes in the verb phrase.

acostarse tan tarde   _llegar más temprano_
darnos el examen otro día   _venir a verme en agosto_
divertirse y no volver tarde _traerme una cerveza_
hacer su trabajo primero y   _tratar de terminar su tarea (home-_
  jugar después   _work) primero_

1. Mis hermanos quieren mirar un programa a las once de la noche, pero

mis padres nunca les permiten que _____.

2. Acabo de recibir una carta de mis padres que dice que piensan

visitarme en julio, pero no voy a estar aquí. Les voy a recomendar

que _____.

3. El profesor acaba de anunciar que va a darnos un examen el viernes,

pero mi hermano y yo no podemos venir a clase ese día. Vamos a pedirle que _____.

4. Nuestro hijo quiere jugar al básquetbol esta noche, pero tiene

   mucha tarea. Mi esposo y yo insistimos en que _____

   _____.

5. Los chicos siempre quieren jugar primero y trabajar después, pero

   yo les digo que _____ y que _____.

6. El plomero dice que no puede llegar hasta las cuatro, pero yo

   quiero que _____.

7. El camarero acaba de preguntarme qué quiero tomar. Voy a pedirle

   que _____.

8. Cuando vamos a una fiesta mis padres siempre nos dicen que

   _____ y que _____.

43. *Nosotros Commands*

A. Answer in the affirmative, using the *nosotros* command form.

1. ¿Vamos a manejar? Sí,_____

2. ¿Vamos a doblar aquí? Sí,_____

3. ¿Vamos a volver? Sí,_____

4. ¿Vamos a subir? Sí,_____

5. ¿Vamos a sentarnos? Sí,_____

6. ¿Vamos a vestirnos temprano? Sí,_____

7. ¿Vamos a irnos? Sí,_____

8. ¿Vamos a ponernos de acuerdo? Sí,_____

B. Answer according to the cue, using object pronouns and the *nosotros* command form.

Ejemplo: ¿Le escribimos una carta a José? →

   <u>Sí, escribámosela.</u> (No, no se la escribamos.)

1. ¿Invitamos a Amalia?   Sí,_____

2. ¿Pedimos vino?   Sí,_____

3. ¿Les compramos este   Sí, _____
   disco a tus primos?

4. ¿Empezamos la música   No, no _____
   ahora?

5. ¿Le llevamos estas   No, no _____
   flores a mi abuela?

6. ¿Le servimos pollo   No, no _____
   otra vez a papá?

7. ¿Le hacemos una fiesta   No, no _____
   a Ceci?

44. *De and Noun*

A. Complete the following narrative by filling in the blanks with an
   appropriate noun phrase, formed by using one item from each column of
   the following list. Scan the entire paragraph before you begin to
   write.

   hotel   porcelana
   plato   cristal
   museo   miel
   anillo   de   oro
   luna   primera clase
   fin   arte
   programa   música
   vaso   semana

   Después de su boda Juanita y Andrés fueron a Bermuda a pasar su

   _____. Hicieron sus reservaciones en un

   _____ que está muy cerca del mar. El primer

   día fueron a un _____ folklórico donde vieron

   cosas muy hermosas. Allí Andrés le compró a Juanita un _____

   _____ precioso. En un parque oyeron una banda que tocó un

   _____ maravilloso. El domingo fueron de

   compras y compraron más regalos: Un _____

   para los padres de Andrés y un _____ para los padres de

   Juanita. Realmente pasaron un _____ magnífico

   y esperan volver pronto a esa isla tan hermosa.

B. Write in Spanish.

   1. an adobe house   _____

2. a ham sandwich _____

3. her office hours _____

4. our history class _____

5. my Spanish book _____

6. her silver chain _____

ADAPTACIÓN DEL DIÁLOGO

Fill in the blanks with the most appropriate words to form a narrative summary of the *Diálogo*.

A. Gerardo está en su _____ año de Derecho y es empleado de una

gran _____ de tiendas. Don Ramón, un hombre ya

_____, es el _____ de las tiendas.

Don Ramón está muy _____ con el trabajo de Gerardo y

Gerardo está muy _____ por su ayuda pero va a dejar su

_____ porque con sus estudios tiene muy poco tiempo

_____. Don Ramón quiere que _____ trabajando

y estudiando al mismo _____ pero el joven dice que no puede.

Don Ramón comprende la situación de Gerardo y no insiste. Sólo quiere que

_____ que tiene toda su _____.

B. Unas horas más tarde don Ramón le pide a Gerardo que le _____

unos _____ legales. El _____ mercantil es

la especialización de Gerardo y don Ramón tiene confianza que el joven

puede ayudarle con sus planes futuros para el negocio. Primero Gerardo

tiene que terminar su _____ en la universidad. Mientras

tanto don Ramón va a seguir extendiendo la compañía por todas las

_____ de provincia y luego quiere _____ los

departamentos legales de la compañía. Gerardo cree que esa idea es

_____ y _____. Por fin don Ramón le dice

que quiere que Gerardo _____ el director general de ese

departamento central.

El joven está muy _____ y los dos hombres _____

por el éxito (*success*) de su futuro juntos.

UN POCO DE TODO

A. Form complete sentences, using the words provided in the order given. Make any necessary changes, and add other words when necessary.

Ejemplo: jefa / querer / que / (nosotros) hacer / trabajo / ahora / →

La jefa quiere que hagamos el trabajo ahora.

1. director / preferir / que / no / hablar (Uds.) / teléfono / con / su / amigos / durante / horas / oficina.

_____

_____

2. dueño / esperar / que / negocio / funcionar / eficientemente

_____

3. ojalá / que / empleados / no / llegar / tarde / todo / días

_____

4. médico / pedir / que / enfermera / ir / ver / nuevo / paciente

_____

5. capitán / mandar / que / policías / salir / inmediatamente

_____

6. actriz / pedir / barman / que / servir / vaso / vino / su / amigos

_____

B. ¿Qué piensa el cliente?

1. *Después de la visita al doctor*: ojalá / que / no / me / costar / demasiado

_____

2. *Cuando va a llamar al abogado*: ojalá / que / poder / defenderme

_____

3. *Después que el plomero arregla el acondicionador de aire*: ojalá / que / ahora / funcionar / bien

_____

4. *Cuando va a llamar al siquiatra*: (yo) esperar / que / (él) poder / ayudarme / a resolver / mi / problemas

_____

5. *Después de pedir unas botellas de vino por teléfono*: ojalá / que / el vino / llegar / a tiempo / para / cena

_____

C. Complete each sentence with the correct form of the italicized verb.

1. No quiere *poner*se los zapatos, pero su madre insiste en que se los

_____.

2. Les gusta *fumar*, pero su papá les dice que no _____.

3. Sé que no deseas *hacer* ese trabajo, pero el jefe dice que lo

_____ inmediatamente.

4. Prefiero *pagar* la cuenta más tarde, pero el vendedor me pide que la

_____ ahora.

5. Desean *comprar* una casa cara, pero yo les recomiendo que no la

_____.

6. Los niños no quieren *tomar* leche, pero insistimos en que la

_____.

7. Si no *llegan* en este vuelo, ojalá que _____ en el vuelo de las doce.

8. Si no los *ves* ahora, es posible que los _____ más tarde.

9. Quieren *ir* al cine por la noche, pero sus padres no les permiten que

_____.

DIVERSIÓN. ¿Inglés? . . . ¡o español! Here is a list of commonly used
English words and names. Or are they? When their letters are rearranged,
these words are also Spanish words. How many of them can you find? Hint:
All are subjunctive forms.

1. P A I D   _ _ _ _

2. Q U O T E   _ _ _ _ _

3. N E D   _ _ _

4. T E N S E   _ _ _ _ _

5. P E A S   _ _ _ _ / _ _ _ _

6. V A N E   _ _ _ _

7. B E A D   _ _ _ _

8. Q U I E T   _ _ _ _ _

9. E V A   _ _ _

10. S E A   _ _ _

Capítulo 10

VOCABULARIO: PREPARACIÓN

A. Complete the sentences with the correct form of the most appropriate item from the list on the right.

1. Es muy peligroso (*dangerous*) _____ si los

   _____ no _____ bien porque

   es difícil _____.

2. Tienes que _____ en la primera esquina

   y luego _____ todo derecho hasta la

   _____ de gasolina.

3. Hay que poner más aire en esta _____.
   Está casi completamente desinflada.

4. Debes _____ estos frenos. Funcionan

   muy mal.

5. Este coche es muy económico; _____ poca

   gasolina.

6. Se prohibe _____ el coche en esta zona

   durante las horas de trabajo.

7. Es ilegal manejar sin una _____.

8. Sin batería el coche no _____.

9. Queda (*There remains*) muy poca gasoline en el

   _____. Debes _____lo hoy.

10. Hay que cambiar el _____ cada 10 mil

    millas.

aburrido
aceite
arrancar
arreglar
doblar
enojar
esquina
estación
estacionar
freno
funcionar
gastar
gustar
licencia
llanta
llenar
llevar
manejar
parar
perezoso
seguir
tanque

B. Complete the paragraph with the correct form of the most appropriate item from the list on the right.

Mi hija ya _____ manejar y desea que yo

le _____ un coche. Quiere que

_____ pequeño y de apariencia atractiva

y moderna. Ella tiene bastante (*enough*) dinero para el

_____ y el resto podemos pagarlo

_____. Vamos a visitar varias

_____ de automóviles para ver si

encontramos una _____. Como ella no es

mayor de edad (*of age*), yo voy a tener que

_____ el contrato. Ojalá que el

_____ nos permita manejar en la

_____ para ver si todo _____

bien en el coche.

a plazos
agencia
carretera
comprar
firmar
funcionar
ganga
gasolina
manejar
pago inicial
saber
ser
tener
vendedor

MINIDIÁLOGOS Y GRAMÁTICA

45. *Use of Subjunctive After Expressions of Emotion*

A. Combine the two sentences into one. Connect the clauses with *que*, and make any necessary changes.

Ejemplo: Me sorprende mucho. Ellos no están aquí todavía. →

Me sorprende mucho que ellos no estén aquí todavía.

1. Nos alegramos mucho. Ud. puede arreglar el motor.

_____

2. No me gusta. Manejas muy rápidamente.

_____

3. Le sorprende a Felipe. Su coche gasta tanta gasolina.

_____

4. Roberto tiene miedo. Su coche no arranca.

_____

B. Express your personal reaction to the following statements. Begin your
    reactions with an appropriate form of one of the following verbs:

      sentir   *alegrarse (de)*   *sorprender*   *tener miedo (de)*
      gustar   *temer*   *esperar*

    Ejemplo: Vamos a México este verano. →

              Espero que vayamos a México este verano.

    1. No tenemos examen mañana.

        _____

    2. Los frenos no funcionan bien.

        _____

    3. No hay nadie en casa.

        _____

    4. Sabes cambiar la llanta.

        _____

    5. No manejas después de beber.

        _____

    6. El pago inicial es muy alto.

        _____

    7. No conoces a mi familia.

        _____

C. Complete the sentences according to the cues. Make any necessary
    changes. Remember that an infinitive phrase is generally used when
    there is no change of subject.

    Ejemplos: 1. *Me alegro*: Uds. / poder / venir →

                   Me alegro (de) que Uds. puedan venir.

               2. *Me alegro de*: (yo) no / tener / trabajar →

                   Me alegro de no tener que trabajar.

    1. *Sentimos*: su esposa / estar / enfermo

        _____

2. *Raúl tiene miedo de*: no / haber / bastante / gasolina

_____

3. *Esperamos*: (nosotros) volver / temprano / hoy

_____

4. *Temo*: el / coche / tener / llanta / desinflado

_____

5. *Nos sorprende*: (nosotros) no / encontrar / otro / agencia

_____

6. *Espero*: (tú) encontrar / uno / ganga

_____

7. *No me gusta*: (tú) decir / tonterías

_____

D. Write in Spanish.

1. I'm sorry to arrive so late.

_____

2. They're sorry you have to wait.

_____

3. They like to have a good time.

_____

4. They don't like you (*tú*) to park here.

_____

46. *Use of the Subjunctive After Expressions of Doubt*

A. Form complete sentences by using one word or phrase from each column.
Give the appropriate form of the infinitives.

1. creo   (tú) / poder pagar a plazos
2. dudan   (yo) / saber manejar bien
3. no dudan   (nosotros) / poder estacionarnos
                          que   aquí
4. niegan   ser verdad
5. estoy seguro/a   Rafael / vivir en esta esquina
6. no niego   existir Dios

1. _____

2. _____

3. _____

4. _____

5. _____

6. _____

B. Restate according to the cues.

Ejemplo: Mañana es viernes. (creo) → <u>Creo que mañana es viernes.</u>

1. Seguimos todo derecho. (creo)

   _____

2. Le cuesta mucho arreglar su motor. (dudo)

   _____

3. Ernesto lo niega todo. (estamos seguros)

   _____

4. Hace frío. (no creo . . . mañana)

   _____

5. Se llevan bien. Quieren casarse. (no niego . . . pero dudo)

   _____

6. El vuelo llega a tiempo. (¿cree Ud.?)

   (speaker doubts): _____

   (speaker is hopeful): _____

C. Write in Spanish.

1. I doubt they'll deny it.

   _____

2. I think she's just arrived.

   _____

3. I don't deny we're friends, but (*pero sí*) I do deny that I see him every day.

_____

_____

47. *Use of the Subjunctive After Impersonal Expressions*

A. Restate the sentences, using an impersonal expression with similar meaning from the following list:

   es extraño   es lástima   es preciso   es probable   es urgente

   Ejemplo: Tienes que buscar a tu hermanito. →

   Es preciso que busques a tu hermanito.

   1. Me sorprende que nadie conteste el teléfono.

   _____

   2. Siento mucho que tu novio esté enfermo.

   _____

   3. Uds. tienen que acostarse más temprano.

   _____

   4. ¡Tu mamá quiere que la llames ahora mismo!

   _____

   5. Probablemente servimos la cena a las siete.

   _____

B. Express your personal reaction to the following statements. Begin your reactions with an appropriate impersonal expression from the list on the right. Do not use the same expression more than once.

   Ejemplo: El precio de la gasolina sigue subiendo. →

   Es malo que siga subiendo.

   Es verdad que sigue subiendo.

   1. Mi coche no anda muy bien.   *es necesario*
                                                          es importante
   _____   *es preciso*
                                                          es terrible
   2. Las reparaciones cuestan tanto.   *es ridículo*
                                                          es bueno
   _____   *es malo*

3. Enrique va al cine todas las noches.

es *lástima*
es *posible*
es *imposible*
no es *verdad*
no es *cierto*
no es *seguro*
es *verdad*
es *cierto*
es *evidente*

_____

4. Exploramos el espacio.

_____

5. Se venden muchos coches japoneses aquí.

_____

6. Cambio el aceite cada 10.000 millas.

_____

7. Los hombres tienen que afeitarse todos los días.

_____

8. Sabemos pronunciar bien el español.

_____

48. *Use of Subjunctive After* tal vez *and* quizá(s)

Form complete sentences, using the words provided in the order given. Make
any necessary changes, and add other words when necessary.

1. tal vez / ser / siete y media

_____

2. quizás / el coche / no / arrancar

_____

3. (ellos) / no / poder / cambiar / llanta / quizás

_____

4. policía / ir / ponerte / multa / tal vez

_____

5. quizás / (ellos) llegar / más tarde

_____

ADAPTACIÓN DEL DIÁLOGO

Fill in the blanks with the most appropriate words to form a narrative summary
of the *Diálogo*.

A. José Luis y Ángela, un matrimonio _____, van con el padre de

Ángela a una _____ para comprar un auto. Don Gregorio insiste

que (ellos) _____ su auto porque cree que es muy importante

que un vendedor como Pepe _____ un auto nuevo para impresionar

a sus _____.

B. En la agencia de automóviles José Luis le dice al vendedor que él y su esposa

_____ un coche económico, de seis cilindros. El vendedor

quiere que ellos _____ uno de los nuevos modelos. Con todos

los "extras" incluidos en el precio, son una _____. José

Luis dice que quizás _____ dar su coche viejo como

_____ y luego pagar a _____ la diferencia. El

vendedor acepta la idea con entusiasmo y dice que primero necesita

_____ su coche.

C. Unos meses más tarde José Luis y Ángela van a una gasolinera para

_____ el tanque. José Luis quiere que el empleado le

_____ las llantas y otras cosas. Ángela dice que teme que

el coche _____ gastando mucha gasolina. José Luis está de

acuerdo y dice que lo _____ la semana anterior y duda que

_____ a los diez kilómetros por litro en la _____

que _____ prometió el vendedor. Y no hay duda que

_____ peor en la _____.

UN POCO DE TODO

A. Complete the sentences with the appropriate form of the italicized verbs.
    Change italicized direct objects to pronouns. Include indirect object
    pronouns where possible.

    Ejemplo: Isabel piensa *decir*nos *la verdad*, pero dudo que <u>nos la diga</u> ahora.

    1. El mecánico tiene que *arreglar los frenos* y espero que _____

        hoy.

2. No olvide Ud. de *darle su nuevo número de teléfono* al jefe. Es

   necesario que _____ hoy.

3. Pepe necesita *despertarse* temprano pero es ridículo que

   _____ a las cuatro de la mañana.

4. Alicia debe *ir* al garaje. Necesita _____ antes de las

   seis.

5. Ellos piensan *ir* de vacaciones en julio. Espero que _____

   a Nuevo México.

6. Ellos *buscan un taxi* delante del cine pero es mejor que

   _____ en la esquina.

7. Mis hermanos quieren *jugar* al *béisbol* esta tarde. Tal vez

   _____ mejor que ayer.

B. Write out the following dialog about vacation plans. Use the words provided in the order given. Make any necessary changes, and add other words when necessary.

ROSA: ¿qué/ir/hacer/tú y Pepe/durante/vacaciones?

_____

LUZ: ser/probable/no/ir/ninguno/parte. los dos/tener/trabajar. y Uds.,/ ¿qué/pensar/hacer?

_____

_____

ROSA: (nosotros) pensar/ir/esquiar/en/sierra

_____

LUZ: ¿cómo/ir/ir,/coche/avión?

_____

ROSA: probablemente/ir/coche. para cinco/ser/más/barato

_____

LUZ: ¿qué tal/estar/la nieve (*snow*)?

_____

ROSA: (ellos) decir/que/estar/magnífico/este/año

_____

LUZ: ¿no/tener (tú)/miedo/de/manejar/nieve?

_____

ROSA: (yo) dudar/que/haber/nieve/carreteras. (ellos) limpiarlas/todo/
tiempo

_____

_____

LUZ: bueno,/esperar/que/(Uds.) divertirse/y/que/volver/en/bueno/condiciones

_____

_____

C. Complete the sentences as the prospective buyer of a luxury car, and of a
compact car might.

1. Temo que este coche _____

Me alegro que este coche _____

Estoy seguro que _____

2. Es importante que este coche _____

Dudo que este coche _____

Es verdad que _____

D. On a separate sheet of paper, write a short paragraph that describes the next
car you hope to own. Include information about its size, color, transmission
brakes, gas mileage, radio, air conditioner, tires, and so on.

REPASO DE VERBOS

Fill in the indicated verb forms.

		Presente	Pretérito	Presente de subjuntivo	Mandato formal	
hablar	yo	_____	_____	_____	_____	Ud.
	Uds.	_____	_____	_____	_____	Uds.
comer	yo	_____	_____	_____	_____	Ud.
	Uds.	_____	_____	_____	_____	Uds.
vivir	yo	_____	_____	_____	_____	Ud.
	Uds.	_____	_____	_____	_____	Uds.
dar	yo	_____	_____	_____	_____	Ud.
	Uds.	_____	_____	_____	_____	Uds.
decir	yo	_____	▨▨▨	_____	_____	Ud.
	Uds.	_____	▨▨▨	_____	_____	Uds.
estar	yo	_____	▨▨▨	_____	_____	Ud.
	Uds.	_____	▨▨▨	_____	_____	Uds.
hacer	yo	_____	_____	_____	_____	Ud.
	Uds.	_____	_____	_____	_____	Uds.
ir	yo	_____	_____	_____	_____	Ud.
	Uds.	_____	_____	_____	_____	Uds.
oir	yo	_____	▨▨▨	_____	_____	Ud.
	Uds.	_____	▨▨▨	_____	_____	Uds.
poder	yo	_____	▨▨▨	_____	_____	Ud.
	Uds.	_____	▨▨▨	_____	_____	Uds.
poner	yo	_____	▨▨▨	_____	_____	Ud.
	Uds.	_____	▨▨▨	_____	_____	Uds.
querer	yo	_____	▨▨▨	_____	_____	Ud.
	Uds.	_____	▨▨▨	_____	_____	Uds.

		Presente	Pretérito	Presente de subjuntivo	Mandato formal	
saber	yo	_____	▨▨▨▨▨	_____	_____	Ud.
	Uds.	_____	▨▨▨▨▨	_____	_____	Uds.
ser	yo	_____	_____	_____	_____	Ud.
	Uds.	_____	_____	_____	_____	Uds.
tener	yo	_____	▨▨▨▨▨	_____	_____	Ud.
	Uds.	_____	▨▨▨▨▨	_____	_____	Uds.
traer	yo	_____	▨▨▨▨▨	_____	_____	Ud.
	Uds.	_____	▨▨▨▨▨	_____	_____	Uds.
venir	yo	_____	▨▨▨▨▨	_____	_____	Ud.
	Uds.	_____	▨▨▨▨▨	_____	_____	Uds.
ver	yo	_____	_____	_____	_____	Ud.
	Uds.	_____	_____	_____	_____	Uds.

DIVERSIÓN

Just as in English, there are many compound words in Spanish that are made up of two words which, when written together, take on a new meaning. For exampl *para* means "for" and *aguas* means "water". A *paraguas* is an umbrella.

Many Spanish compound words are formed by using the third person singular of a verb and a noun. *Tocar* means "to play" and *discos* are "records". A *tocadisco* is a record player.

Using one word from each column, can you form the Spanish words for the following English words?

1. bumper on a car
2. shoeshine person
3. windshield
4. toothpick
5. parachute
6. towel, hand towel
7. sunshade

para . . .
limpia . . .

botas
brisas
dientes ("teeth")
manos ("hands")
choques ("accidents")
caídas ("falls")
sol

1. _____
2. _____
3. _____
4. _____
5. _____
6. _____
7. _____

Capítulo 11

VOCABULARIO: PREPARACIÓN

A. Complete the sentences with the correct form of the most appropriate item from the list on the right.

1. Acabo de casarme en abril. Ahora mi

    _____ completo es María Dolores

    López de Cáceres. El _____ de mi

    esposo es Cáceres.

2. Mis padres _____ en Cuba pero ahora

    viven en Perú y son _____ peruanos.

3. No se permite llenar esta _____ con

    lápiz. Por favor, _____la Ud. con

    bolígrafo.

4. Hay tres _____ para el puesto de

    asistente de la directora. Ojalá que yo le

    _____ a la directora

    porque necesito este trabajo.

5. Mi hermano _____ su último puesto

    porque ganó una beca (*scholarship*) para estudiar

    en la Universidad de Guadalajara. Si todo va bien,

    piensa _____ en cuatro años con el

    título de doctor. Su nueva _____

    en Guadalajara es Avenida Poniente, #33.

6. Mi letra (*handwriting*) es difícil de leer y creo que

    debo _____ este informe (*paper*).

apellido
aspirante
caer bien/mal
ciudadano
colegio
dejar
dirección
escribir a máquina
graduarse
llenar
nacer
nombre
renunciar
solicitud

7. Yo me gradué del _____ en 1976 y de la universidad en 1980.

8. Voy a _____ a mi trabajo con el estado para seguir mis estudios posgraduados.

B. Fill in the blank with the ordinal number indicated in parentheses.

1. Nosotros vivimos en el (5º) _____ piso (*floor*) del edifici y los Gómez viven en el (8º) _____.

2. María es la (3ª) _____ niña a la derecha.

3. Pablo está en el (7º) _____ grado.

4. Dolores está en su (4º) _____ año de francés.

5. José está en su (1er) _____ semestre en la universidad.

6. Miguelito, ésta es la (1ra) _____ y última vez que te voy a decir que limpies tu cuarto.

7. Juan Carlos y Teresa van a celebrar su (10º) _____ aniversario de bodas.

8. Ésta es la (9ª) _____ vez que cambio de puesto.

MINIDIÁLOGOS Y GRAMÁTICA

49. *Tú* Commands

A. Complete the sentences with the *tú* command of the verb in parentheses.

1. (*escuchar*) No _____ el radio ahora, _____ lo más tarde.

2. (*correr*) No _____ sola; _____ con una amiga.

3. (*pedir*) No _____ ese libro; _____ éste.

4. (*tener*) _____ cuidado y no _____ miedo.

5. (*sentarse*) _____ allí; no _____ delante de mí.

6. (*hacer*) _____ tu trabajo y no _____ tonterías

7. (*ser*) No _____ así; _____ bueno.

8. (*ponerse*) No _____ ese traje; _____ el nuevo.

9. *(salir)*   No _____ tan tarde; _____ a las

siete y media.

10. *(decir)*   Nunca _____ mentiras; siempre _____

la verdad.

B. Change the negative *tú* commands to the affirmative, and make any necessary changes. Be sure to add accents when needed.

Ejemplos: No tomes la sopa. → <u>Toma la sopa.</u>

No me llames.   → <u>Llámame.</u>

1. No juegues afuera.   _____

2. No la llames por teléfono. _____

3. No te sientes allí.   _____

4. No vengas a buscarme.   _____

5. No sigas por esa calle.   _____

6. No vendas tu coche.   _____

7. No te vistas ahora.   _____

8. No toques el piano.   _____

C. You have a few complaints about the behavior of some friends and various members of your family. Tell each one what you want him/her to do or *not* to do, as appropriate. Use *tú* command forms.

Ejemplo: Pepe escribe en mis libros. → <u>Pepe, no escribas en mis libros.</u>

1. Pablo me despierta a las seis todos los días.

_____

2. Teresa no cierra la puerta cuando sale.

_____

3. Inés se pone mi ropa nueva.

_____

4. Miguel se levanta tarde y no hace su propio *(own)* almuerzo.

_____

5. Marta no es generosa y no gasta su propio dinero.

_____

6. Ricardo no me deja hablar.

_____

7. Carlos es impaciente y no me espera.

_____

D. Answer using *tú* commands. Change object nouns to pronouns.

Ejemplo: ¿Tengo que preparar la cena? →

Sí, prepárala.   No, no la prepares.

1. ¿Debo lavar el coche?

Sí, _____   No, _____

2. ¿Traigo a mi amigo Pepe?

Sí, _____   No, _____

3. ¿Lleno esta solicitud?

Sí, _____   No, _____

4. ¿Contesto el teléfono?

Sí, _____   No, _____

5. ¿Le pido la dirección a Inés?

Sí, _____   No, _____

6. ¿Le digo la verdad a papá?

Sí, _____   No, _____

50. *Superlatives and Absolute Superlatives*

A. Change the sentences to the superlative, according to the model.

Ejemplo: José es una persona muy trabajadora. (la familia) →

José es la persona más trabajadora de la familia.

1. Pedro es un vendedor muy competente. (el almacén)

_____

2. Rita es una estudiante muy inteligente. (la clase)

_____

3. Es un aspirante muy preparado. (todos)

_____

4. Fue una entrevista muy difícil. (el día)

_____

5. Es un puesto muy malo. (la oficina)

_____

6. Son unas clases muy buenas. (la universidad)

_____

B. Answer using the absolute superlative.

Ejemplo: ¿Es un señor muy rico? → Sí, es riquísimo.

1. ¿Es divertido ese cómico?

_____

2. ¿Son famosos los Beatles?

_____

3. Rosario, ¿estás muy cansada?

_____

4. ¿Es interesante tu libro de sicología?

_____

5. ¿Son pobres los habitantes de Patagonia?

_____

6. ¿Es larga esa carretera?

_____

7. ¿Está atrasado el tren de las 8:00?

_____

8. ¿Está rico el pescado?

_____

51. *Uses of* *por*

A. The *Feria* of Seville, Spain, is a yearly six-day period of bull-fights, street parades, and nightly performances of Flamenco dancing which turns the city into an exciting and colorful place. Tell about a trip made by you and a friend to the *Feria*. Answer the questions by describing what you see in the drawings. Use expressions with *por*.

1. ¿Por qué fueron Uds. a Sevilla?

_____

2. ¿Cómo viajaron Uds.?

_____

3. ¿Pagaron 300 dólares por cada billete?

_____

4. En el aeropuerto, ¿a qué hora pasó por Uds. el autobús que los llevó a su hotel?

_____

5. ¿Cuándo llegaron a Sevilla?

    _____

6. ¿Por cuánto tiempo fueron Uds. a Sevilla?

    _____

B. Complete the sentences with *por* or an appropriate fixed expression with *por*.

1. ¡_____ _____! ¡No manejes tan rápidamente _____

    esta carretera!

2. Voy a tocar mi nuevo disco _____ _____ vez.

3. Quieren aprender la canción del disco; _____ _____

    la escucharon tantas horas.

4. Creo que tenemos bastante leche en casa, pero voy a comprar otra

    botella, _____ _____ _____.

5. Está muy contenta _____ los resultados del examen.

6. Escribo esta carta _____ el jefe; él no está en la oficina hoy.

7. Tu hija no debe andar sola _____ ese parque.

C. Answer or react, using one of the expressions from the list on the right.

    Ejemplo: ¿Cuántas veces llamaste? → Llamé por lo menos tres veces.

1. ¿Encontraste tu bolígrafo?

    _____

2. ¿A qué hora sales de clases?

    _____   *por ejemplo*
                                                                                por eso
3. ¿Necesitas veinte o treinta dólares más?   *por fin*
                                                                                por lo general
    _____   *por lo menos*

4. Me gustan las novelas de detectives.

    _____

5. Acabo de ver una película en que muere el héroe.

    _____

52. *Nominalization of Adjectives*

A. Complete the sentences with the appropriate nominalized form of the adjective in parentheses.

Ejemplo: Compró el coche blanco, no <u>el rojo</u>. (rojo)

1. Lo encontraron en la tienda grande, no en _____. (pequeí

2. Me gustaron más las camisas azules, no _____. (amarillo)

3. Le gusta la música popular, pero detesta _____. (clásicc

4. Dicen que los coches alemanes son mejores que _____.

   (japonés)

5. Él salió con la chica morena y yo con _____. (rubio)

B. Answer in the negative, using a nominalized form of the adjective in parentheses.

Ejemplo: ¿Venden coches baratos allí? (caro) → <u>No, venden unos muy ca</u>

1. ¿Llenaste la solicitud larga? (corto)

   No, _____

2. ¿Prefieres las llantas regulares? (radial)

   No, _____

3. ¿Estás en el segundo año de español? (primero)

   No, _____

4. ¿Compraste el coche caro? (barato)

   No, _____

5. ¿Vieron Uds. la primera película? (segundo)

   _____

6. ¿Escribieron Uds. los ejercicios fáciles primero? (difícil)

   _____

ADAPTACIÓN DEL DIÁLOGO

Fill in the blanks with the most appropriate words to form a narrative summary of the *Diálogo*.

A. Un día don Antonio de Inclán le dice a su hijo, Miguel Ángel, un hombre de

_____ treinta años, que desde ese día le va a _____

su mesada. Quiere que su hijo _____ algo con su vida y que

_____ a buscar trabajo pronto.

B. Al día siguiente Miguel Ángel va a la oficina de la Dirección de Personal

donde habla primero con un _____. Miguel Ángel llena una

_____ azul, pero no sabe contestar algunas preguntas en la

_____. El empleado se _____ pide para escri-

bírsela _____. Le pide primero su nombre y sus

_____. Al darse cuenta (*Upon realizing*) que Miguel Ángel es

de una familia importante su tono de voz cambia y empieza a llamarlo

_____ Miguel. Miguel Ángel _____ en la capital

de Manzanillas y parece que nunca fue muy buen estudiante. _____

(*hacer*) sus primeros estudios en la Academia Francesa, la _____

más exclusiva _____ la provincia y luego _____

a la secundaria de Manzanillas, pero nunca _____.

Cuando el empleado le pregunta por qué _____ su último

trabajo, Miguel Ángel contesta que nunca ha trabajado (*has worked*) porque

el trabajo le _____ muy mal. El empleado le dice que

_____ al día siguiente porque tiene que hablar con la

Directora.

C. Al día siguiente al entrar en la oficina Miguel Ángel encuentra, con

gran sorpresa, que él es el nuevo _____. El empleado le

informa que _____ a la Doctora González Esquivel

_____ recomendar que lo manden a don Miguel a paseo. No

hay duda: "Quien tiene _____ se _____."

UN POCO DE TODO

A. Form complete sentences, using the words provided in the order given. Make
   any necessary changes, and add other words when necessary. Use the *tú*
   command form where appropriate.

1. Pablo,/ir/tu/cuarto/y/ponerse/tu/mejor/camisa

_____

2. Mario,/no/llenar/ese/solicitud/con lápiz;/hacerlo/con/bolígrafo

_____

3. Carmen,/ir/tienda/y/comprar/otro/botella/leche,/si acaso

_____

4. Isabel y yo/ir/pasar/ti/las ocho. espero/que/(tú) estar/listo/este/vez

_____

5. Cecilia/tener/dos/hermanos/menor;/ella/ser/mayor/su/ hermanos

_____

6. Pablito/estar/tercero/grado/y/ser/más/inteligente/su/clase

_____

B. Answer according to the cues, using *tú* commands and the absolute superlative of the adjective in parentheses. Change object nouns to pronouns.

Ejemplo: ¿Quieres que compre este vino? (no, caro) →

No, no lo compres. Es carísimo.

1. ¿Quieres que despierte a María? (no, cansada)

_____

2. ¿Quieres que invite a David y a Rosa? (sí, simpáticos)

_____

3. ¿Quieres que vaya por este camino? (no, peligroso)

_____

4. ¿Quieres que termine estas cartas? (sí, fáciles)

_____

5. ¿Quieres que toque este disco otra vez? (sí, bueno)

_____

6. ¿Quieres que te traiga más café colombiano? (sí, rico)

_____

C. Write in Spanish. Use *tú* commands and expressions with *por* when possible.

1. If he can't come, tell him to call me, at least.

   _____

2. Generally Inés makes a good impression on everyone.

   _____

3. Call me in the afternoon, but please, don't call before three.

   _____

4. Just in case, don't tell anyone that I plan (*pensar*) to quit my job.

   _____

5. Good heavens! Don't do it for me; do it for yourself (*ti mismo*).

   _____

DIVERSIÓN

Spanish-speaking people tend to be lavish in their praise of things they like. Imagine that you have been invited to dinner at a Spanish-speaking home and that the food was excellent. In one minute, how many different ways can you think of to express how much you liked the different parts of the meal? Remember to use not only different adjectives, but also all the different ways in which you can intensify the quality expressed by an adjective.

Here are a few adjectives to help you get started.

1. bueno (muy)   4. rico

2. el mejor de mi vida   5. sabroso

3. buenísimo

The meal consisted of:

   entremeses
   paella
   ensalada
   flan y café

Capítulo 12

VOCABULARIO: PREPARACIÓN

A. Complete the sentences with the correct form of the most appropriate item from the list on the right.

1. Cuando Marta no sabe la lección se pone muy

   _____.

2. Cuando los hijos no _____ bien, los

   padres se enojan.

3. Si pasa algo muy divertido en la clase, los

   estudiantes _____ mucho.

4. Roberto trabaja mucho pero dudo que

   _____ un buen médico.

5. Yo no _____ cómo se llama el autor de

   ese libro.

6. Los bebés _____ cuando tienen hambre.

7. Cuando muere un abuelo la familia _____

   muy triste.

8. Laura es una estudiante muy seria y nunca

   _____ a clase.

9. _____ millonario no es la cosa más

   importante de la vida.

10. Mamá, mi cuarto está muy sucio, pero por favor no

    _____ conmigo.

11. No comas demasiado porque después no vas a

    _____ bien.

enojarse
faltar
hacerse
llegar a ser
llorar
nervioso
ponerse
portarse
recordar
reírse
sentirse
sonreír

12. ¿Por qué estás _____? ¿Oíste algo cómico?

B. Complete the paragraph with the correct form of the most appropriate item from the list on the right.

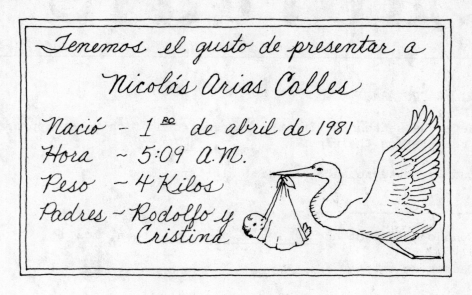

Tenemos el gusto de presentar a
Nicolás Arias Calles
Nació — 1ᵇᵒ de abril de 1981
Hora ~ 5:09 A.M.
Peso ~ 4 Kilos
Padres ~ Rodolfo y Cristina

El tercer _____ de nuestra amiga Cristina

_____ en el Hospital San José hace dos

semanas (*two weeks ago*). Su papá está muy contento de

tener un _____ pues sus otros hijos son

mujeres. El niño ya _____ unos 5 kilos

y lo van a _____ en la Iglesia de Santa

María el sábado que viene. Le vamos a _____

unos juguetes para su cuarto y, como no podemos asistir

a la ceremonia, le vamos a mandar a sus padres un tele-

grama que dice "¡_____ a Uds. y a su

nuevo _____!"

bautizar
bebé
felicidades
hija
hijo
nacer
niña
pesar
regalar
varón

PRONUNCIACIÓN

Write in all accent marks where needed.

cruel	feo	adios	historia	rie	radio
pais	Dios	ceremonia	viaje	oimos	leiste
energia	seis	veintiun	caimos	leyo	europeo

MINIDIÁLOGOS Y GRAMÁTICA

53. Irregular Preterites

A. Complete each sentence with the correct preterite form of one of the
    verbs in parentheses, according to the meaning of the sentence.

    (decir / estar)

    1. Juan me _____ que _____ en Madrid

        dos semanas.

    2. Ellas también _____ allí pero no nos

        _____ nada.

    3. ¿Es verdad que (tú) _____ muy enfermo? ¿Por qué

        no se lo _____ a tus padres?

    (poner / traer)

    4. Mariana se _____ el traje nuevo que nosotros le

        _____ de Francia.

    5. ¿Es verdad que (ellos) no se _____ muy contentos

        cuando (tú) les _____ la noticia del matrimonio

        de Pepe?

    6. Estoy seguro que los chicos _____ sus abrigos,

        pero no sé si se los _____ antes de salir.

    (venir / tener)

    7. Cuando los padrinos _____ para el bautizo,

        nosotros _____ que ir a buscarlos al aeropuerto.

    8. ¿_____ Ud. que esperar mucho cuando

        _____ a la entrevista con el jefe?

    9. Si Uds. _____ en segunda clase, ¿por qué

        _____ que pagar tanto por el viaje?

B. Change to the preterite.

1. Traen al niño a la iglesia para bautizarlo, pero sus abuelos no
   pueden asistir a la ceremonia.

   _____

   _____

2. Pedro viene a verme cuando estoy en San Diego.

   _____

3. Yo sé que hay una tormenta (*storm*) terrible en Florida.

   _____

4. ¿Dónde pones tus cosas cuando vienes de la escuela?

   _____

5. Susana no puede venir a trabajar porque está enferma.

   _____

C. Complete the sentences with the correct present or preterite form of
   one of the verbs in parentheses, according to the meaning of the sentences.

   (*saber / decir*)

   1. Ahora ellos _____ que Cristina tiene otro niño,

      pero no lo _____ hasta ayer cuando yo se lo

      _____ .

   (*venir / poder*)

   2. Rodolfo _____ a verte anoche pero no

      _____ encontrarte.

   (*conocer / saber*)

   3. ¿A Mario? Nosotros lo _____ un día en la uni-

      versidad, pero no _____ si estudia allí ahora.

   (*querer / poder*)

   4. Ramón no _____ hablar con María el sábado pasado

      porque ella no _____ verlo.

D. Write in Spanish.

1. He brought me a newspaper but I couldn't read it. I did not have time.

   _____

2. Today he wants to sell the car, but yesterday he refused to do it.

   _____

3. Do you know Patricia Real? I met her when she was in Reno.

   _____

4. Yes, I know that they are here, but I didn't find (it) out until this morning.

   _____

54. *Diminutives*

   A. Give the diminutive form of the following nouns.

sopa	_____	mosca	_____	mujer	_____
perra	_____	Paco	_____	madre	_____
ángel	_____	hombre	_____	calle	_____
grupo	_____	plaza	_____	varón	_____
escuela	_____	Sara	_____	canción	_____
animal	_____	chica	_____	pantalón	_____

   B. Give the diminutive form of the italicized words.

   1. ¡Hola, *Carmen*!   _____

   2. ¿Quieres un *café*?   _____

   3. ¿Vienen los *abuelos*?   _____

   4. ¿Viste a tus *amigos*?   _____

   5. ¿Dónde están las *jóvenes*?   _____

   6. ¿Cómo se llama tu *perro*?   _____

   7. ¿Conoces a *Lupe*?   _____

55. *Uses of* <u>por</u> *and* <u>para</u>, *and* <u>para</u> *versus* <u>por</u>

   A. Answer using *para*, according to the cues. Change object nouns to pronouns when appropriate.

Ejemplo: ¿Por qué fuiste a ver a Tomás ayer? (devolverle su libro) →

Fui para devolverle su libro.

1. ¿Cuándo necesita papá el coche? (jueves)

_____

2. ¿Por qué compraron el regalo? (darle a María Rosa)

_____

3. ¿Por qué fueron a Aspen? (esquiar)

_____

4. ¿Qué carrera (career) estudias en la universidad? (sicólogo)

_____

5. Y ese sombrero, ¿es para Luis también? (no, ti)

_____

6. ¿Para qué tienen un coche tan grande? (usar, viajes largos)

_____

7. ¿Trabajas en el aeropuerto? (no, compañía de teléfonos)

_____

8. ¿Esa chica de 15 años ya está en la universidad? (sí, lista, edad)

_____

9. ¿Para dónde salieron los Serrano? (anoche, Barcelona)

_____

10. Esta tarea es imposible, ¿verdad? (no, mí, fácil)

_____

B. Complete each sentence with *por* or *para*, according to the meaning of the sentence.

1. Los esposos García fueron a Madrid _____ avión y se quedaron

allí _____ un mes.

2. Antes de llegar a Madrid pasaron _____ Portugal y después

fueron a Italia _____ ver a su hija.

3. La chica estudia _____ actriz y _____ las noches

   trabaja _____ el Cine Metro.

4. Dicen que la muchacha es muy alta _____ ser tan joven.

5. En Italia manejaron un pequeño carro Fiat _____ varias

   ciudades de la costa _____ no gastar mucho dinero en trenes

   o aviones.

6. Su papá le dio dinero _____ gasolina pero ella lo gastó

   en una tienda _____ turistas.

ADAPTACIÓN DEL DIÁLOGO

Fill in the blanks with the most appropriate words to form a narrative summary
of the *Diálogo*.

A. Un día Julián, _____ amigo de Agustín y su familia, llama a

   casa de Agustín y oye que Inés, la _____ de Agustín, ya dio

   _____ esa mañana. Toda la familia está _____

   con el _____ del varón que _____ cuatro

   _____ cuando nació. _____ domingo

   _____ la tarde van a _____ y Agustín insiste

   en que Julián _____.

B. El domingo en casa de la familia, Julián le explica a la abuela que no

   _____ ir a la iglesia; la abuela le dice que el bautizo fue

   _____. El _____ se _____ muy

   bien y no _____ durante la ceremonia. Los padres le

   _____ el nombre de José Pelayo _____ su

   abuelo que _____ en Asturias. El abuelo se hizo

   _____ mexicano pero todavía es más asturiano _____

   Pelayo. Julián le comenta a la abuela que el recién nacido está

   _____ en sus _____ azules y la medalla de

   _____.

C. Más tarde Julián ve _____ abuelo y lo felicita (*congratulates*

_____ el nacimiento de su _____. Pero el

abuelo parece un poco disgustado con el bautizo porque _____

un elemento muy importante: la _____. Según él, sin sidra

no hay bautizo _____. En ese momento aparece Inés preguntando

quién _____ sidra en el biberón del bebé.

UN POCO DE TODO

A. *Un parto* (birth) *feliz*. Complete the dialog between Consuelo and Lorenzo.
   Give the diminutive form of nouns in parentheses.

   CON.: ¿Oíste? Mi prima Sonia _____ un bebé ayer.
   <u>   tener   </u>

   LOR.: ¡Qué bueno! ¿_____ varón o niña?
   <u>   ser   </u>

   CON.: Una _____ preciosa. Le _____ el nombre
   <u>   (niña)   </u>   poner

   de Carmen por su abuela. Ayer la abuela le _____ unos
   <u>   dar   </u>

   aretes (*earrings*) de oro puro. Ojalá que el abuelo _____
   <u>   volver   </u>

   pronto de su viaje para ver a su nueva _____.
   <u>   (nieta)   </u>

   LOR.: ¿A qué hora _____ a luz Sonia?
   <u>   dar   </u>

   CON.: Muy temprano _____ la mañana. _____ de parto (*in
   <u>   para / por   </u>   estar

   labor*) por dieciocho horas. _____ dificultades, pero
   <u>   Haber   </u>

   ya _____ bien. Sonia y Javier se _____
   <u>   estar   </u>   poner

   muy contentos cuando _____ que era (*was*) niña, porque ya
   <u>   saber   </u>

   tienen un _____.
   <u>   (varón)   </u>

   LOR.: Bueno, ojalá que Carmencita _____ a ser una mujer
   <u>   llegar   </u>

_____ inteligente y encantadora como su madre.
<u>más / tan</u>

B. Answer by forming complete sentences using the words provided in the order given. Use *por* and *para* as needed. Change italicized nouns to diminutives.

Ejemplo: ¿Cuándo necesitan Uds. el vino? (necesitarlo/mañana) →

<u>Lo necesitamos para mañana.</u>

1. ¿Para qué llamaste a Sarita? (llamarla/invitarla/cine)

   _____

2. ¿Se portó bien Angelito?

   (sí,/*niño* de su edad,/pero/no/querer/tomar/leche)

   _____

3. ¿Para quién es ese pastel? (ser/*regalo*/ti,/tu cumpleaños)

   _____

4. ¿Dónde dejaste los regalos para el bebé?

   (poner/*ropa*/su cuarto/y/darle/*medalla*/su mamá)

   _____

5. ¿Cuánto te costó todo?

   (pagar/100 dólares/guitarra/y/40 dólares/radio)

   _____

6. ¿Qué haces aquí, Jaime? ¿No viene tu hermano?

   (no,/yo/venir/él. Arturo/ponerse/enfermo)

   _____

7. ¿Hablaste mucho tiempo con Marta?

   (no,/estar/con ella/sólo/medio/hora;/no/(nosotros) poder/hablar mucho)

   _____

   _____

C. Write in Spanish the dialog between Ana and Eva.

ANA: Why didn't you come to the party last night?

_____

EVA: I tried to come but I couldn't. I had to work for one of the girls
who got sick.

_____

_____

ANA: What a pity. We missed (_extrañar_) you.

_____

EVA: And, how was it (_estar_)?

_____

ANA: It was phenomenal. I hope you don't have to work on (_el_) the second
of May.

_____

_____

EVA: Why? What's happening?

_____

ANA: Don't forget that it's José Luis' birthday. I just spoke with his
sister. He's going to invite sixty people.

_____

_____

EVA: Good heavens! I'm going to try not to miss (_perder_) that party, at
least!

_____

Capítulo 13

VOCABULARIO: PREPARACIÓN

A. Complete the sentences with the correct form of the most appropriate item from the list on the right.

1. Si te _____ la cabeza, toma dos

   _____.

2. No te olvides de traer la _____

   de la puerta.

3. Conocí a tu jefe en el banco pero no

   _____ de su nombre.

4. ¡Pobre Marisol! _____

   en un serio accidente automovilístico.

5. Rafaelito está llorando porque su hermano le

   _____.

6. ¡Hombre! ¡_____ tengo!

   Mi coche no funciona otra vez esta mañana.

7. Pedro, _____ tu moto-

   cicleta. No puedes dejarla allí.

8. _____ (tú) de tus amigos y ven a

   comer.

acordarse
aspirina
cambiar de lugar
despedirse
doler
hacerse daño
llave
pegar
¡Qué mala suerte!

B. Complete the paragraphs with the correct form of the most appropriate item from the list on the right.

1. Sr. Vega, siento llegar tarde, pero no oí el

   _____ esta mañana y además

   (*besides*), anoche cuando _____

apagar
dejar
despertador
distraído

el motor de mi coche, _____ las

llaves adentro. Estoy muy _____

estos días.

2. Oye, Pedro, ayer cuando estuve en tu cuarto

_____ uno de tus discos y me

_____ de decírtelo. Lo hice   *olvidar*
                                               romper
_____ . Lo siento mucho.   *sin querer*

3. María también llegó tarde; la pobre primero

_____ y tomó una calle incorrecta   *equivocarse*
                                                 perder
y luego se _____ en la parte

nueva de la ciudad.

C. Complete the sentences with parts of the body.

1. Tocamos el piano con _____ .

2. Pensamos con _____ .

3. Caminamos y corremos con _____ y

_____ .

4. Levantamos las cosas con _____ y

_____ .

5. Cuando hacemos mucho ejercicio nos duele todo _____ .

MINIDIÁLOGOS Y GRAMÁTICA

56. *Preterite of Stem-Changing Verbs*

A. Complete each sentence with the correct preterite form of one of the
verbs in parentheses, according to the meaning of the sentence.

(sentarse / dormirse)

1. Yo _____ delante del televisor y _____

poco después.

2. ¿A qué hora _____ a comer Uds.?

3. Mi esposo se despertó a las dos y no _____ otra

vez hasta las cinco de la mañana.

(*seguir / reírse / sentirse*)

    4. Empezó a llover a las ocho y _____ lloviendo

        todo el día.

    5. Yo _____ con ganas de llorar cuando vi al

        pobre niño.

    6. Esa película fue tan divertida que (nosotros) _____

        toda la noche. Sólo Jorge no _____ mucho porque

        no entendió nada.

    7. Ellos _____ mucho no poder asistir a la reunión,

        pero tuvieron que trabajar.

B. Change to the preterite.

    1. ¡Cómo se divierten! ¡Se ríen como locos!

        _____

    2. Se sientan y el camarero les sirve inmediatamente.

        _____

    3. Prefieren cenar en casa.

        _____

    4. Sonríe pero no dice nada.

        _____

    5. Beatriz no se acuerda de la hora de salida (*departure*) y pierde
        (*misses*) el tren.

        _____

    6. Muchísimas personas mueren en accidentes.

        _____

C. Answer according to the cue.

    1. ¿Prefirieron Uds. quedarse aquí o irse? (irse)

        _____

2. Álvaro, ¿te divertiste mucho en la fiesta? (sí)

_____

3. ¿Se durmieron temprano los chicos? (no, tarde)

_____

4. ¿A qué hora se despidieron Uds. anoche? (doce)

_____

5. ¿Se despertó y se vistió Ud. temprano esta mañana? (sí)

_____

57. *Reflexive for Unplanned Occurrences*

A. Rewrite the sentences, using the reflexive for unplanned occurrences.

Ejemplo: Juan perdió el dinero. → <u>A Juan se le perdió el dinero.</u>

1. Acabamos la leche.

_____

2. El camarero rompió varios vasos y platos.

_____

3. Mis libros cayeron al suelo.

_____

4. Mi novio se olvidó de traer dinero para la cena.

_____

5. Mi bolsa se quedó dentro del coche.

_____

B. Describe what happened in the drawings on page 147, using the words listed to the right.

1. _____

2. _____

3. _____

4. _____

1.

pasajero
olvidar
maletas

2.

camarera
caer
vaso de vino

3.

mujer
acabar
cigarrillos

4.

hombre
romper
lentes

C. Answer the questions, using the words in parentheses and the reflexive for unplanned occurrences.

Ejemplo: ¿Qué le pasó a tu prima Inés?   (olvidar / pasaporte)   →

   <u>Se le olvidó el pasaporte.</u>

1. ¿Por qué te llamó tu hermano? (acabar / dinero)

   _____

2. ¿Qué le pasó a tu amigo? (perder / boletos)

   _____

3. ¿Por qué van a comprar tus padres otra aspiradora? (romper / la vieja)

   _____

4. ¿Por qué rompieron Uds. la ventana? (quedar / llaves / adentro)

   _____

5. ¿Por qué no trajeron Uds. la guitarra? (olvidar)

   _____

58. *Imperfect of Regular and Irregular Verbs*

A. Complete the sentences with the correct imperfect form of the verbs in
    parentheses. Use the verbs in the order given.

(fumar)   1. Yo _____ mucho menos antes; ahora fumo

                     demasiado.

(celebrar)   2. Nosotros siempre _____ el cumpleaños de

                     mi madre con una gran fiesta.

(descansar,   3. En otros tiempos mi padre _____ mientras
cocinar,
ser)   que (*while*) mi madre _____, pero aquellos

                     _____ otros tiempos.

(vivir,   4. ¿Dónde _____ (tú) cuando _____
tener)
                     dieciséis años?

(querer)   5. Yo _____ salir pero los otros

                     _____ quedarse en casa.

(estar,   6. Cuando tú _____ en el colegio,
pesar)
                     ¿_____ más o menos que ahora?

(ir, ser)   7. ¿_____ Uds. a la playa o a las montañas

                     cuando (tú) _____ niño?

(llorar,   8. La niñita _____ porque no _____
poder)
                     encontrar a su perrito.

(ser,   9. Cuando nosotros _____ niños, siempre nos
acostar,
ser)   _____ cuando _____ las

                     ocho.

B. Give the imperfect of the italicized verbs.

    1. Nosotros *somos* muy buenos amigos de los González; _____

        nos *vemos* todos los domingos. Si ellos no   _____

        vienen a visitarnos a nuestra casa, nosotros   _____

        vamos a la casa de ellos.   _____

    2. Cuando *estamos* en el Perú, nuestros sobrinos   _____

     siempre nos *dan* un beso (*kiss*) cuando nos   _____

     saludan (*greet*) y otro beso cuando se   _____

     despiden.   _____

3. Siempre *almuerzo* en aquel restaurante.   _____

     Sirven el mejor espaguetti de toda la ciudad.   _____

     Cuando me *ven* entrar, me *llevan* a la   _____ _____

     mejor mesa y me *traen* el menú. ¡Se *come*   _____ _____

     muy bien allí!

C. Complete the sentences with an imperfect form of the italicized verb and an appropriate word or phrase.

    Ejemplo: Ahora me *levanto* tarde, pero antes me <u>levantaba temprano.</u>

    1. Ahora me *despierto* temprano, pero durante el verano

    _____

    2. Ahora no te *acuerdas* de nada, pero antes _____

    3. Ahora la gasolina *cuesta* mucho, pero antes _____

    4. En aquel restaurante sólo *sirven* almuerzo, pero antes

    _____

    5. Ya no me *duele* la cabeza, pero esta mañana _____

    6. Ahora *duermo* como un tronco (*log*), pero antes _____

ADAPTACIÓN DEL DIÁLOGO

Fill in the blanks with the most appropriate words to form a narrative summary of the *Diálogo*.

    El marido, un hombre _____ y distraído, le cuenta a su esposa,

una _____ tan _____ y distraída como él, todo lo

que le pasó durante el día. Se le _____ poner el _____,

se _____ muy tarde y no _____ tiempo ni de

_____ ni de desayunar. Su esposa comenta que no importaba mucho

porque de todos modos no _____ desayuno en casa porque se le había olvidado (*she had forgotten*) ir _____ mercado.

El marido sigue contando que hizo lo que _____ para llegar a la oficina _____ pero fue imposible. Lo _____ un policía y le puso una _____ (seguramente por manejar demasiado _____) y _____ tardísimo. Cuando llegó a la ofici tenía tanta _____ que _____ el carro donde no debí y cuando _____ cuenta y volvió para _____ de lugar vio que se le habían quedado (*he had left*) las _____ adentro y tuvo que _____ la ventanilla para sacarlas.

Con tantos problemas el pobre señor se _____ mal y le _____ la cabeza, pero cuando _____ dos de las aspirinas que le había dado (*had given*) su esposa fue peor y casi se _____ en su escritorio.

Su esposa exclama que se _____ cuando le dio esas pastillas porque no _____ aspirinas sino (*but*) pastillas para dormir. Ella le pide perdón por ser tan distraída.

El esposo la perdona pero parece que el presidente de la compañía no era tan comprensivo (*understanding*). Como (*since*) el marido _____ tanto sueño, se _____ cuando escribía un cheque y el presidente vino en persona, enojadísimo. El hombre se _____ de pie y _____ una taza de café sobre el balance general. El presidente se _____ tan enojado que el hombre creyó que _____ a pegarle y trató de disculparse (*excuse himself*), hablando de "tú" a su jefe y llamándole "_____".

Con eso el jefe lo _____ por torpe, maleducado y confianzudo.

UN POCO DE TODO

A. *Un perrito perdido* (lost). Complete the following dialog between Ricardo and Patricia.

RICARDO: Acabo de ver _____ tu hermano Tito y _____
                                                          parecer *(imp.)*

muy triste. ¿Qué le _____?
                        pasar *(pret.)*

PATRICIA: Se _____ el perrito que _____ por
               perder *(pret.)*   tener *(imp.)*

tanto tiempo.

RICARDO: ¿Cuándo lo _____?
                      descubrir *(pret.)*

PATRICIA: Anteayer. El perro siempre _____ en el patio
                                        dormir *(imp.)*

y cuando Tito se _____ el perrito ya no estaba
                    despertar *(pret.)*

allí. Tito se _____ y _____ a
                 vestir *(pret.)*   salir *(pret.)*

buscarlo, pero no lo _____.
                        encontrar *(pret.)*

RICARDO: ¿Cómo _____ escaparse?
                  poder *(pret.)*

PATRICIA: Parece que a Tito se _____ cerrar bien la puerta
                                  olvidar *(pret.)*

del corral *(yard)*. Pobrecito, anoche no _____
                                             dormir *(pret.)*

nada porque se _____ tan preocupado.
                  sentir *(imp.)*

RICARDO: Ojalá que no se le _____ también el gato.
                               perder

PATRICIA: Francamente dudo que el gato se nos _____.
                                                 ir

B. Answer the questions, using preterite or imperfect as cued by the questions.

1. ¿Cuántos años tenía Ud. cuando se graduó de la secundaria?

   _____

2. ¿Dónde vivían sus padres cuando Ud. nació?

   _____

3. ¿Qué hora era cuando se acostó Ud. anoche?

_____

4. ¿Qué se le olvidó a Ud. ayer? (llaves)

_____

5. ¿Se hizo daño Carlos cuando se cayó? (rompérsele una pierna)

_____

6. ¿Qué pasó? ¿Se les perdió algo a Uds.? (equipaje)

_____

7. ¿Por qué volvieron a casa Rita y María? (quedárseles los boletos)

_____

8. ¿Se despidió Ud. de alguien cuando salió de casa hoy? (no)

_____

C. On a separate sheet of paper, use the following verbs or phrases, in the order given, to write a paragraph in the imperfect tense describing a typical day when you were a high school student. Use phrases such as *casi siempre*, *nunca*, *muchas veces*, *generalmente*, and so on.

1. despertarse
2. apagar el despertador
3. lavarse la cara y las manos
4. limpiarse los dientes
5. vestirse
6. desayunar
7. despedirse
8. ir a la escuela
9. asistir a clases
10. almorzar
11. conversar y reírse con los amigos
12. volver a casa
13. estudiar
14. ayudar
15. sentarse a cenar a las seis
16. si no tener que estudiar
17. mirar televisión
18. leer
19. decir buenas noches
20. quitarse la ropa
21. bañarse
22. acostarse

Capítulo 14

VOCABULARIO: PREPARACIÓN

A. Complete the sentences with parts of the body.

1. Hablamos con _____.

2. Vemos con _____.

3. Respiramos con _____.

4. La sangre (*blood*) pasa por _____.

B. Answer the questions according to the drawings, using words from the list on the right.

1.

   a. ¿Dónde está el paciente?

   _____

   b. ¿Con quién habla el

   paciente?

   _____

   c. ¿Qué le duele al hombre?

   _____

2.

   a. ¿Qué hace la paciente?

   _____

   b. ¿Qué le ausculta (*listen*

   to) el médico?

   _____

consultorio
doler
enfermera
estómago
llevar una
  vida sana
practicar
  deportes
pulmones
toser

3.

a. ¿Qué hace esta persona?

_____

b. ¿Es probable que se enferme o
que se resfríe con frecuencia?

_____

C. Answer the questions with the correct form of the most appropriate item
from the list on the right.

1. ¿Qué tiene Ud. si su temperatura pasa de 37.0
grados (centígrados)?

_____

2. ¿Qué nos dice el médico cuando nos examina la
garganta? *(Mention two things.)*

_____

3. ¿Cuáles son cuatro cosas que debemos hacer para
llevar una vida sana? *(Mention four things.)*

_____

_____

4. ¿Qué síntomas tenemos cuando tenemos un resfriado?

_____

5. Generalmente, ¿qué receta (*prescribes*) el doctor
para la tos?

_____

6. Si un paciente está mareado y tiene dolor de
estómago, ¿qué es posible que tenga?

_____

abrir la boca
apendicitis
comer bien
congestionado
cuidarse
dormir lo
  suficiente
fiebre
hacer ejercicio
jarabe
sacar la lengua
tos

PRONUNCIACIÓN

Fill in the blanks with the proper Spanish spelling.

1. attend / a___ender

2. communism / co___unismo

3. theoretical / ___eórico

4. apparent / a___arente

5. pseudonym / ___eudónimo

6. correspond / co___esponder

7. megaphone / megá___ono

8. innovate / i___ovar

9. suggestion / su___estión

10. classify / cla___ificar

11. monarch / monar___a

12. annotation / a___otación

13. different / di___erente

14. occasion / o___asión

15. chemistry / ___ímica

16. alliteration / a___iteración

17. cathedral / ca___edral

18. section / se___ión

19. additional / a___icional

20. creation / crea___ión

21. missionary / mi___ionero

22. action / a___ión

MINIDIÁLOGOS Y GRAMÁTICA

59. Preterite versus Imperfect

A. Complete the sentences with the appropriate form of the verbs given, using the preterite or the imperfect.

1. Su padre _____ cuando ella _____ once
       morir   *tener*

    años.

2. Él se _____ muy enfermo y el doctor le _____
          sentir   *decir*

    que _____ pulmonía.
          tener

3. Mi madre siempre _____ con el médico cuando nosotros
                         consultar

    no _____ respirar bien.
          poder

4. Generalmente el doctor _____ que no _____
                              decir   *ser*

    nada serio y nos _____ un jarabe.
                         dar

5. Papá _____ insomnio toda la noche y _____
            tener   *estar*

    muy nervioso todo el día siguiente.

6. De niño a veces (yo) _____ miedo por la noche y no

   _____ dormir bien.
   poder

   ___tener___

7. Anoche (nosotros) _____ la cena cuando _____
   preparar   sonar

   el teléfono.

8. Cuando yo _____ del consultorio ya _____
   salir   ser

   las cinco.

B. Complete the narrative with the preterite or imperfect form of the verbs
   given.

   El mes pasado, durante una excursión para esquiar en las sierras

   centrales de California, los Burke _____ al señor Dupont,
   conocer

   un turista del sur de Francia que _____ visitando los
   estar

   Estados Unidos. Los Burke le _____ que ellos
   decir

   _____ a hacer un viaje a Francia en mayo. El señor
   ir

   Dupont _____ mucho al oir eso y los _____
   alegrarse   invitar

   a visitarlo en su casa. Los Burke _____ con mucho gusto
   aceptar

   y _____ (agreed) en llamarlo desde París. El señor
   quedar

   Dupont les _____ que los _____ a llevar a
   prometer   ir

   los mejores restaurantes de su región.

   Después de estar esquiando una semana todos _____
   volver

   juntos a Los Ángeles y los Burke _____ a su nuevo amigo
   llevar

   al aeropuerto. (Ellos) _____ y _____ vers
   despedirse   prometer

   pronto en Europa.

Capítulo 14 - 156

C. Answer the questions, based on the preceding narrative.

1. ¿Adónde fueron los Burke para esquiar?

    _____

2. ¿Quién era el señor Dupont?

    _____

3. ¿Dónde se conocieron?

    _____

4. ¿Qué le dijeron los Burke al Sr. Dupont?

    _____

5. ¿Cuánto tiempo pasaron esquiando juntos?

    _____

6. ¿Cómo reaccionó el Sr. Dupont cuando supo del viaje de los Burke a
    Francia?

    _____

7. ¿Adónde llevaron los Burke al Sr. Dupont?

    _____

8. ¿Qué se prometieron los nuevos amigos?

    _____

D. Write in Spanish.

1. As children we almost never (casi nunca) got sick.

    _____

2. I was thirteen years old when we left (salir de) Perú.

    _____

3. What time was it when he called?

    _____

4. Where were you (pl.) going when I saw you?

    _____

5. We wanted to go but we couldn't.

_____

6. I found it out when I was watching television.

_____

7. We knew the family but we did not meet their son until last week.

_____

60. *Summary of the Use and Omission of the Definite Article*

A. Complete the sentences with the definite article as needed.

1. ¿Son muy altos _____ hombres en _____ Estados Unidos?

2. _____ libertad es importante para _____ mujer moderna.

3. _____ carne está muy cara ahora.

4. Tenemos un examen _____ jueves.

5. ¿Por qué no te lavas _____ pelo ahora?

6. Nunca vamos al cine _____ domingos.

7. Hay un refrán que dice: "Más enseña _____ necesidad que _____ universidad".

8. _____ Sr. Prado, ¿sabía Ud. que _____ doctor Jiménez ya no trabaja aquí?

9. En ese almacén compramos _____ estéreo, _____ lavadora, _____ secadora y _____ sofá.

10. ¿Es _____ amor más importante que _____ salud o _____ dinero?

11. _____ colombianos hablan muy bien _____ español.

12. Los canadienses hablan _____ inglés y _____ francés.

13. Lávate _____ manos antes de comer.

B. Answer according to the cue. Add the definite article when necessary.

1. ¿Te duele la cabeza? (ojos)

_____

2. ¿Qué pasa? ¿Se te olvidó algo? (botas)

_____

3. Generalmente, ¿qué días no asistimos a clases? (sábados / domingos)

_____

4. ¿Quién es ese señor a la derecha? (Sr. Cepeda)

_____

5. ¿Dónde está la ciudad de Buenos Aires? (Argentina)

_____

6. ¿Qué idioma se habla en el Brasil? (portugués)

_____

61. *Nominalization: Lo + Adjective*

A. Express the italicized phrases, using a nominalized phrase with *lo*, according to the model.

Ejemplo: *La parte más importante* de la vida es la salud. →

Lo más importante de la vida es la salud.

1. Nosotros le dijimos *la misma cosa.*

_____

2. *La parte más difícil* del curso son los exámenes orales.

_____

3. *La parte más divertida* fue *la primera parte.*

_____

4. *La peor parte* del examen fue el subjuntivo.

_____

5. *La cosa más extraña* fue que nunca llamaron.

_____

6. *La mejor parte* del viaje fueron las personas que conocimos.

_____

B. Write in Spanish, using the nominalized form with *lo*.

1. the best part _____

2. the worst part _____

3. the funniest thing _____

4. the good part _____

5. the strangest thing _____

6. the most important part _____

ADAPTACIÓN DEL DIÁLOGO

Fill in the blanks with the most appropriate words to form a narrative summary
of the *Diálogo*.

A. Tomás Hernández Rodríguez va al consultorio de _____ doctora

Sánchez porque _____ enfermo. El joven le explica a la

enfermera que anteayer _____ bien: _____ cin

kilómetros, _____ al fútbol, nadó y _____ a u

fiesta donde _____ y _____ de todo. Ayer por

la mañana tuvo fiebre; _____ dolía todo _____

cuerpo y _____ mucho. Ahora se siente _____

y _____ malo es que tiene examen de _____ y n

sabe _____ porque no _____ estudiar.

   La enfermera le pide que le _____ su edad, su peso y su

estatura; después, le toma la _____ y _____

presión.

B. Luego Tomás pasa al _____ de la doctora. Ella le pide que

abra _____ boca, _____ la lengua y diga:

"Aaaaa...aaa..." Tomás tiene _____ garganta un poco

_____ pero parece que no tiene nada serio en _____

pulmones. El joven le pregunta entonces por qué tose tanto. La doctora

comenta que tose porque _____ demasiado. Luego, le ausculta

el _____. Observa que Tomás tiene el corazón más fuerte que lo normal (seguramente por ser tan atlético) y que por lo general, está en

buenas condiciones físicas.

Para su resfriado le recomienda que _____ unas

_____ y que _____ paciencia; para su salud en

general le recomienda que _____ de fumar; y para sus exámenes,

que no los _____ para el último momento.

UN POCO DE TODO

A. *Un caso de apendicitis.* Complete the following dialog between Alicia y
Lorenzo.

LORENZO: ¿Y qué _____ lo más divertido de tu año en
                        ser

        _____ Ecuador?

ALICIA: No lo vas a creer, pero fue un ataque de apendicitis que

        _____ en la primavera, durante la primera semana
            tener

        que _____ allí.
                estar

LORENZO: ¿Qué te pasó?

ALICIA: Pues, cuando _____ el lunes, me _____
                        levantarme   sentir

        un poco mal, pero no _____ perder el tiempo en la
                                    querer

        oficina de un médico. Por la tarde, mi temperatura _____
                                                                    ponerse

        muy alta y me _____ _____ estómago. Esa noche
                            doler

        _____ muy mal y a la mañana siguiente
            dormir

        _____ a vomitar.
            empezar

LORENZO: ¿Por qué no _____ a tus amigos, _____ señores
                            llamar

        Durán?

ALICIA: No los _____ todavía. Pero sí _____
               conocer   llamar

_____ la dependienta del hotel. Cuando me vio, _____
                                                      llamar

una ambulancia y (ellos) me _____ al hospital.
                                          llevar

LORENZO: Pues, no veo _____ cómico en todo eso.

ALICIA: Espera. Por fin me operaron, y mientras me _____
                                                      estar

despertando de la operación, repetía constantemente, "No puedo

hablar español", ¡en español! Por lo visto (*apparently*)

_____ único que me preocupaba (*was worrying*) era

_____ español, pues no lo _____ bien
                                                    hablar

en aquel entonces (*back then*). Las enfermeras y _____

Dr. Castillo se rieron tanto . . .

B. Give the preterite or imperfect of the italicized verbs as needed to change
the present tense narration into the past.

Yo casi nunca me *enfermo*: me *cuido*   _____ _____

bastante, *como* bien, *hago* ejercicios,   _____ _____

duermo lo suficiente; en fin, *llevo* una   _____ _____

vida sana.

Pero ese día al despertarme (*upon waking*

up) me *siento* mareado. Me *duelen* la cabeza   _____ _____

y la garganta; me *duele* todo el cuerpo. *Quiero*   _____ _____

vestirme y desayunar pero no *puedo*; *es*   _____ _____

imposible. *Miro* el reloj y *veo* que   _____ _____

son casi las ocho. *Llamo* a mi amigo Enrique   _____ _____

(que siempre *viene* a buscarme en su coche) y   _____ _____

le *digo* que no *voy* a la universidad.   _____ _____

Tomo dos aspirinas y me *acuesto* otra vez.   _____ _____

C. On a separate sheet of paper, write a composition that tells what you did
    last summer. Use the present, preterite, and imperfect, and expressions
    such as: *mientras, cuando, además (de), a veces, luego, así*, and so on.
    Your composition should at least answer the following questions.

    ¿Adónde fue? ¿Con quién? ¿Cómo viajó? ¿Cuándo salió y cuándo llegó?
    ¿Cómo era el lugar? ¿Cómo pasaba los días? ¿las noches? ¿Conoció a
    alguien? ¿Piensa volver este verano? ¿Por qué?

DIVERSIÓN: *Un termómetro, por favor*. Ud. tiene una fiebre alta. ¿Puede Ud.
hacer bajar su temperatura? (Change one letter each time and rearrange the
order of the letters.

    A L T A

1. _ _ _ _   Forma masculina de alta.

2. _ _ _ _   La letra j.

3. _ _ _ _   Color de una rosa.

4. _ _ _ _   Primera persona de bajar.

    B A J A

DIVERSIÓN: *Un juego imperfecto*. Complete the crossword puzzle, using the
imperfect of the verbs given, in the same person.

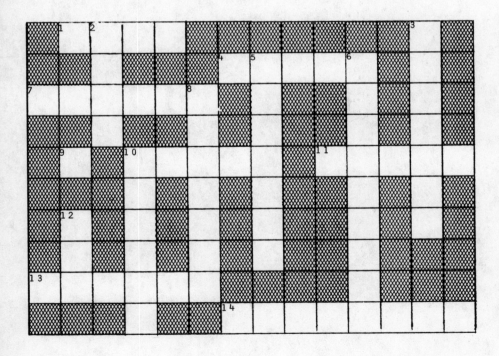

Horizontales

1. vi
4. tuvo
7. fuimos (ir)
10. hubo
11. puse
12. dije
13. pagué
14. pedimos

Verticales

2. fueron (ser)
3. sirvieron
5. estuvieron
6. almorcé
8. supe
9. pudo
10. hicieron

Capítulo 15

VOCABULARIO: PREPARACIÓN

A. Complete the sentences with the correct form of the most appropriate item from the list on the right.

1. Hoy es el primero de abril y tenemos que pagar el

   _____ de la casa.

2. Si Ud. puede pagar _____ yo le

   _____ quinientos pesos menos por el coche.

3. Si el dueño nos _____ otra vez el

   alquiler, vamos a _____ de casa.

4. Si no depositamos más dinero en nuestra cuenta

   _____, no podemos pagar nuestras

   _____.

5. Todos _____ del aumento del precio

   de la gasolina, pero nadie quiere _____

   manejar.

6. En los últimos dos meses (nosotros) _____

   tanto dinero que no pudimos _____ nada.

7. Es difícil mantener nuestro _____ mensual

   (*monthly*) con el constante aumento de gastos.

ahorrar
al contado
alquiler
aumentar
cobrar
corriente
de ahorros
dejar de
factura
gastar
gustar
mover
mudarse
presupuesto
quedarse
quejarse

B. Match each statement or question with the appropriate answer or rejoinder, and write the letter in the space provided.

_____ 1. ¡Por fin recibí el cheque que esperaba!

_____ 2. ¿Va a pagarlo Ud. al contado?

a. Pase Ud. a esa ventanilla que dice "Cuentas Corrientes".

b. Tuve que buscar trabajo pero pienso volver en el otoño.

_____ 3. ¿Dónde puedo cobrar este cheque?

_____ 4. ¿Por qué dejaste de asistir a clases?

_____ 5. ¿Por qué se mudaron los Fonseca?

c. Porque decidieron comprar su propia casa.

d. No. Cárguelo a mi cuenta, por favor.

e. ¿Vas a depositarlo en tu cuenta de ahorros?

PRONUNCIACIÓN

Punctuate the following sentences.

1. Hola   Cómo te llamas

2. Tú vives cerca de aquí   verdad

3. Por Dios   Por qué traes tantas maletas

4. Quién es   Tomás o Pedro

5. Carlos   Ven aquí inmediatamente

MINIDIÁLOGOS Y GRAMÁTICA

62. Future Verb Forms

A. Complete the sentences with the appropriate future forms of the verbs given.

1. Este verano yo _____ a Guatemala y _____
   _____viajar_____   _____vivir_____

   allí con una familia.

2. Ellos nos _____ en el centro y todos (nosotros)
   _____encontrar_____

   _____ juntos al cine.
   _____ir_____

3. ¿A qué hora _____ (tú) a buscarme?
   _____venir_____

4. Patricia y Antonio _____ que mudarse a fines de mes;
   _____tener_____

   por eso no _____ salir de vacaciones con nosotros.
   _____poder_____

5. Dile a Isabel que yo _____ a sus padres y les
   _____llamar_____

   _____ que ella está conmigo.
   _____decir_____

B. Rewrite the sentences, using the future.

1. Ellos se quejan pero no hacen nada.

_____

2. ¿Hay bastante comida para todos?

_____

3. ¿Dónde pones todos estos discos?

_____

4. Salgo con Uds. pero no puedo quedarme mucho tiempo.

_____

5. Tenemos que pagar estas facturas este mes.

_____

C. Complete the sentences in a logical manner, using the future form of
the verb given.

1. Si vas a México este verano, _____

_____. (gastar)

2. Si estudias un poco más, _____

_____. (salir bien [to do well] en el examen)

3. Si me traes los ingredientes necesarios, yo _____

_____. (hacer)

4. Si ellos nos llaman esta semana, nosotros _____

_____. (saber)

5. Si ahorras tu dinero, pronto _____

_____. (poder)

6. Si yo voy al cine, mi hermana _____

_____. (querer)

63. Future of Probability

A. Rewrite the sentences, using the future of probability.

Ejemplo: Probablemente son las nueve. → Serán las nueve.

1. Probablemente vienen quince o veinte personas.

    _____

2. Probablemente ganan unos cuatro dólares por hora.

    _____

3. Probablemente se despiertan tarde.

    _____

4. Probablemente estudia para médico.

    _____

5. Probablemente salen para Europa en agosto.

    _____

6. Probablemente nos vemos en el cine.

    _____

7. Probablemente tiene que mudarse.

    _____

B. Write in Spanish, using the future of probability.

    Ejemplos: Probably it's already time to return home. →

               Ya será hora de volver a casa.

               I wonder how old Michael is? →

               ¿Cuántos años tendrá Miguel?

1. Her father must have a lot of money.

    _____

2. The train probably is (*arrives*) late.

    _____

3. I wonder who knows their address?

    _____

4. Where can he be at this time (*a estas horas*) of (the) night?

    _____

5. I wonder who that girl is?

    _____

6. It must be four o'clock at least.

_____

7. They probably can't pay cash.

_____

64. *Conditional Verb Forms*

A. Change to the conditional.

Ejemplo: veo → <u>vería</u>

1. bajan _____ 5. hago _____

2. sé _____ 6. somos _____

3. quieres _____ 7. dices _____

4. puedo _____ 8. ponemos _____

B. You are talking with Rafael on the phone. Tell Ana what Rafael just said, according to the model.

Ejemplo: *RAFAEL:* El profesor nos dará el examen mañana.
      ANA: ¿Qué dijo?
  USTED: <u>Dijo que el profesor nos daría el examen mañana.</u>

1. *RAFAEL:* Vendré a las doce.
   ANA: ¿Qué dijo?

  USTED: _____

2. *RAFAEL:* Pasaré por Uds. a las diez.
   ANA: ¿Qué dijo?

  USTED: _____

3. *RAFAEL:* No podré volver a tiempo.
   ANA: ¿Qué dijo?

  USTED: _____

4. *RAFAEL:* Saldremos por la noche.
   ANA: ¿Qué dijo?

  USTED: _____

5. *RAFAEL:* No habrá ningún problema en buscarlos (a Uds.).
   ANA: ¿Qué dijo?

  USTED: _____

6. RAFAEL: No querré comer nada.
    ANA: ¿Qué dijo?

    USTED: _____

7. RAFAEL: Uds. se divertirán muchísimo.
    ANA: ¿Qué dijo?

    USTED: _____

C. Ask a friend if he/she would do each of the following things.

Ejemplo: ¿darme / boletos? → <u>¿Me darías los boletos?</u>

1. ¿pagar / tú / tanto dinero / ese / coche?

_____

2. ¿casarte / con / Patricia?

_____

3. ¿gustarte / volver / Europa?

_____

4. ¿enojarte / por / cosa tan insignificante?

_____

5. ¿salir / de vacaciones / febrero?

_____

6. ¿poder / darme / veinte dólares?

_____

7. ¿hacerte / miembro de / ese / club?

_____

D. Write in Spanish.

1. How would you say this in Spanish?

_____

2. I would have to use my credit card.

_____

3. They said that they would move to another city.

_____

4. She said she would not be able to visit us this year.

   _____

5. I wonder who that woman was? *(cond. of probability)*

   _____

6. The train was probably late. *(cond. of probability)*

   _____

7. When I was young, we would go to the beach every summer. (¡*Ojo!*)

   _____

ADAPTACIÓN DEL DIÁLOGO

Fill in the blanks with the most appropriate words to form a narrative summary of the *Diálogo*. Notice that this summary is written in the past tense and requires preterite, imperfect, and conditional verb forms.

Ramón, un estudiante de los Estados Unidos, hablaba un día con Eva, una

estudiante _____, sobre la _____ latina. El decía

que _____ algo que todavía no comprendía bien: ¿Cómo podría

existir el _____ donde había tantas personas que no

_____ encontrar ni _____ trabajo?

Ella le contestó que le _____ imposible pero que así

_____ en casi todos los países latinos. Ramón comentó que en los

Estados Unidos él _____ más o menos bien con un puesto. Sería

profesor, se _____ y _____ una casa. Eva dijo que

en Hispanoamérica no sería así. Para vivir bien _____ que ser un

profesor eminente o . . . de una familia rica. De lo contrario, él viviría

estrechamente y su mujer _____ que trabajar _____

necesidad.

Según Eva, los _____ eran muy bajos, pero _____

mucha competencia para los puestos. Y aunque la situación era más o menos

igual para todas las clases sociales, era _____ para la clase

_____ y la clase _____.

　　　Ramón observó que el pluriempleo no correspondía a la idea que tenían los americanos de los latinos. Eva dijo que en realidad el latinoamericano no era _____, como lo pintaba el estereotipo, y que el pluriempleo _____ porque a nadie se le _____ el sueldo que merecía su trabajo. Por eso ella tenía dos empleos y una esperanza: la de poder _____ a un solo trabajo en el futuro.

UN POCO DE TODO

A. Form complete sentences using the words provided in the order given. Make any necessary changes, and add other words when necessary. Give the *future* of verbs *unless otherwise required*.

　　　Ejemplo: (nosotros) ir / Guatemala / próximo / primavera →

　　　　　　　　Iremos a Guatemala la próxima primavera.

　　1. no / (ella) venir / hasta / fines / diciembre

　　　_____

　　2. en / año / 2050 / ya / no / haber / guerras

　　　_____

　　3. espero que / Uds. / venir / verme / año que viene (¡*Ojo*!)

　　　_____

　　4. no conozco / ese / señoras. ¿quién / ser?

　　　_____

　　5. próximo / año / (yo) poder / comprar / mi / propio / casa

　　　_____

　　6. Antonio duda que / Alicia / querer / trabajar / mañana (¡*Ojo*!)

　　　_____

B. Rewrite the sentences, using the future or the conditional of probability.

　　　Ejemplos: Probablemente es la una. → Será la una.

　　　　　　　　Probablemente hablaron toda la noche. → Hablarían toda la noche.

1. Probablemente encuentra otro puesto fácilmente.

_____

2. Probablemente no vienen.

_____

3. Probablemente alguien sabe su dirección.

_____

4. Probablemente dijeron que no.

_____

5. Dijeron que probablemente tenía resfriado.

_____

6. Pensé que probablemente estaba enfermo.

_____

7. Probablemente se puso muy alegre.

_____

REPASO DE VERBOS

Fill in the indicated verb forms.

		Pretérito	Imperfecto	Futuro	Mandatos informales (tú)
hablar	yo	_____	_____	_____	(Aff.) habla
	Uds.	_____	_____	_____	(Neg.) no hables
comer	yo	_____	_____	_____	(A.)
	Uds.	_____	_____	_____	(N.)
dar	yo	_____	_____	_____	(A.)
	Uds.	_____	_____	_____	(N.)
decir	yo	_____	_____	_____	(A.)
	Uds.	_____	_____	_____	(N.)

		Pretérito	Imperfecto	Futuro	Mandatos informales (tú)
estar	yo				(A.)
	Uds.				(N.)
hacer	yo				(A.)
	Uds.				(N.)
ir	yo				(A.)
	Uds.				(N.)
oir	yo				(A.)
	Uds.				(N.)
pedir	yo				(A.)
	Uds.				(N.)
poder	yo				(A.)
	Uds.				(N.)
poner	yo				(A.)
	Uds.				(N.)
querer	yo				(A.)
	Uds.				(N.)
saber	yo				(A.)
	Uds.				(N.)
seguir	yo				(A.)
	Uds.				(N.)
ser	yo				(A.)
	Uds.				(N.)
tener	yo				(A.)
	Uds.				(N.)
traer	yo				(A.)
	Uds.				(N.)
venir	yo				(A.)
	Uds.				(N.)

Capítulo 16

VOCABULARIO: PREPARACIÓN

A. Complete the sentences with the correct form of words from the list on the right.

1. Me encanta el campo. Allí el aire es más

   _____ y la naturaleza, más

   _____.

2. Algunos temen que la _____ del mundo

   esté aumentando en proporción geométrica.

3. Prefiero el _____ de vida del campo

   a la vida agitada de la ciudad.

4. Casi siempre hay más crímenes en los barrios

   (*neighborhoods*) de población _____.

5. El verano pasado nosotros _____ toda

   Italia haciendo autostop (*hitchhiking*).

6. —¿Por qué _____ hoy, hijo mío?

   —Tuve que terminar mi tarea antes de ir a la

   escuela.

7. A mi hermano le _____ montar a

   caballo, pero a mí no.

8. Los _____ públicos en nuestra

   ciudad son muy malos. Necesitamos más autobuses.

9. Es preciso hacer un estudio del tráfico en

   aquella _____.

10. Las _____ nos dan leche.

autopista
bello
denso
encantar
madrugar
montar a caballo
naturaleza
población
puro
recorrer
ritmo
soledad
transporte
vaca

B. Complete the sentences with the names of persons, places or animals shown in the drawing.

1. El dueño de un rancho es un

   _____.

2. Un _____ monta

   a caballo con frecuencia.

3. Los _____ tra-

   bajan en las _____.

C. Complete the sentences with one of the following ways of expressing "time":

   hora   *rato*   *vez*   *tiempo*

1. Pablito, lávate las manos. Es _____ de comer.

2. Conozco a una chica que vio esa película siete _____.

3. La última _____ que vi a Juan Carlos, me dijo que no

   tendría _____ para ir de vacaciones este verano.

4. Espérame un _____ más. Quiero ir contigo al centro.

5. A _____ es difícil madrugar para ir a clases.

6. Despídete, por favor. Es _____ de irnos.

7. Voy a descansar un _____ antes de cenar.

8. Si tienes _____ antes de salir, llama a tu tío Luis.

PRONUNCIACIÓN: A Self-test

1. In English, unstressed vowels often turn into [ə], the schwa. Does any

   vowel in Spanish become a schwa?

2. In most dialects, the *ll* is pronounced just like the _____.

3. What is the difference between the articulation of English *t* and Spanish *t*?

4. Which of the following letters are pronounced the same in Spanish as in

   English?   *j*   *f*   *h*   *m*   *d*   *r*   *ch*

5. Is there a difference in pronunciation between *baso* and *vaso*?

6. The trill at the beginning of a word is written with _____, and between vowels with _____.

7. Which of the following words begins with [kwi-], and which with [syu-]?

    ciudad   *cuidado*

8. What sound does *h* represent in Spanish?

MINIDIÁLOGOS Y GRAMÁTICA

65. Past Participle Used as Adjective

A. Give the past participle.

    1. preparar _____   6. decir _____

    2. salir   _____   7. poner _____

    3. recorrer _____   8. morir _____

    4. abrir   _____   9. ver   _____

    5. romper _____   10. volver _____

B. Complete the sentences with the correct form of the past participle of the verbs given. Be sure to make past participles agree with the appropriate nouns.

    Ejemplo: La ensalada ya está <u>preparada</u>. (preparar)

    1. Aquella autopista está _____. (cerrar)

    2. La policía está investigando un crimen _____ en

       nuestra calle. (cometer)

    3. Ya tengo más de dos páginas _____. (escribir)

    4. No te sientes allí. Esa silla está _____. (romper)

    5. Los niños están listos para dormir. Ya tienen la cara (*face*)

       _____ y los pijamas _____. (lavar,

       poner)

    6. Tenemos muchos artículos _____ en España. (hacer)

    7. América fue _____ por Cristóbal Colón en 1492.

       (descubrir)

8. ¿Por qué dejas las puertas siempre _____? (abrir)

66. *Present Perfect Tense*

A. Change the present tense verbs to the present perfect.

Ejemplo: hablo → <u>he hablado</u>

1. madrugan _____   5. mueren _____

2. comes _____   6. rompemos _____

3. vivo _____   7. pongo _____

4. volvemos _____   8. caen _____

B. Ask a friend if he/she has done any of the following things lately (*últimamente*).

Ejemplo: ir al cine → <u>¿Has ido al cine últimamente?</u>

1. leer el periódico

_____

2. acostarse tarde

_____

3. sentirse mal

_____

4. ver una buena película

_____

5. volver a Madrid

_____

6. romper algo

_____

7. decir una mentira

_____

8. hacer un viaje a México

_____

C. Write the following short dialogs in Spanish.

1. Have they finished their work yet (*ya*)?

Yes, they've just finished. (¡*Ojo*!)

— _____

— _____

2. Have you (*pl.*) paid the bills yet?

Yes, we've just paid them.

— _____

— _____

3. Have you (*tú*) bathed yet?

Yes, I've just bathed.

— _____

— _____

67. *Past Perfect Tense*

A. Change the preterite verbs to the past perfect.

Ejemplo: habló → había hablado

1. puso   _____   7. rompimos _____

2. leyeron   _____   8. viste   _____

3. lavé   _____   9. abrieron _____

4. recorrí   _____   10. dijeron   _____

5. descubrió _____   11. cerramos _____

6. fueron (*went*) _____   12. fueron (*were*) _____

B. Complete the sentences with the appropriate past perfect form of the verbs given.

Ejemplo: Cuando llamaste, Inés no había llegado. (llegar)

1. Cuando volvimos, ellas ya _____. (salir)

2. Él se _____ de la universidad en 1978. (graduar)

3. Yo ya _____ esa película cuando me invitaron. (ver)

4. Vinieron por ella a las 9:00, pero ella todavía no

   _____. (levantarse)

5. Cuando llegamos, ya se _____ el banco. (cerrar)

6. El chico tenía tanta hambre y su mamá todavía no _____

   del mercado. (regresar)

7. Querían cenar conmigo, pero yo ya _____. (comer)

C. Answer the questions using the words provided in the order given. Make
   any necessary changes, and add other words when necessary. Give the
   preterite and the past perfect of the infinitives.

   Ejemplo: ¿Por qué no llamaste ayer?

             sí / llamarte / pero / tú / ya / salir →

             <u>Sí te llamé, pero tú ya habías salido.</u>

   1. ¿Por qué no querían ir Uds. al teatro?

      decidir / no ir / porque / ya / gastar / todo / nuestro / dinero

      _____

   2. ¿Dónde compró María esos zapatos?

      (ella) decirme / que / los / encontrar / tienda / centro

      _____

   3. ¿Quién hizo esa torta de cumpleaños?

      María / me / contar / que / mamá / comprarla

      _____

   4. ¿Terminó Patricia sus estudios en esta universidad?

      sí / terminarlos / aquí / pero / antes / asistir / Universidad /
      Guadalajara

      _____

   5. Antonio llegó muy temprano, ¿verdad?

      sí / (él) decir / que / madrugar / esta mañana

      _____

   6. ¿Sabías que recorrí toda España en el verano de 1979?

      yo / no / saber / que / tú / estar / allí / ese año / hasta ayer

      _____

ADAPTACIÓN DEL DIÁLOGO

Fill in the blanks with the most appropriate words to form a narrative summary of the *Diálogo*.

Epifanio, un joven _____, le dice a Peter que su mamá los _____ invitado a pasar el fin de semana en su _____. Peter está muy contento porque le _____ el campo. Epifanio _____ en la finca y _____ allí hasta hace unos años pero, según su mamá, le han _____ arreglos a la casa y está bastante _____.

Los dos chicos van a ir en coche y Epifanio ya lo tiene _____ para el viaje. Si salen a _____ seis de la mañana, a las ocho _____ a mitad del camino. Peter se imagina que, en total, el viaje debe durar _____ horas, pero parece que la segunda parte del viaje no es por _____ sino (*but*) por _____ rurales que están en _____ condiciones.

A Peter no le _____ porque _____ gusta tanto el _____. A Epifanio le gusta también pero sólo para los _____ de semana. Para él la _____ es mejor porque tiene mejores servicios _____ y oportunidades de _____. Peter le recuerda que también tiene aire _____, un _____ de vida acelerado, viviendas _____, crímenes . . .

La mamá de Epifanio le _____ dicho _____ mismo cuando él dejó la finca, pero para él la ciudad ofrece (*offers*) más oportunidades de mejorarse _____ el campo. El joven cree que los intermediarios de la ciudad se han _____ con el trabajo de los _____ y les han _____ muy poco por sus cosechas.

Como (*Since*) ya son las diez, los dos jóvenes deciden _____ porque al día siguiente tendrán que _____. Epifanio le dice a

Pedro que no se _____ porque _____ eso tienen un

despertador.

UN POCO DE TODO

A. Form complete sentences using the words provided in the order given. Give
    the preterite of the first verb, and the present perfect of the second.
    Make any necessary changes, and add other words when necessary.

    1. nosotros/llegar/9:00,/pero/Rita/no/venir/todavía

    _____

    2. ella/salir bien/todo/su/exámenes,/pero/Juan/no/tomar/ninguno/todavía

    _____

    _____

    3. Antonio/ya/almorzar,/pero/Isabel/no/comer/nada

    _____

    4. a/María/(ellos) pagarle/50 dólares,/pero/a/mí/no/darme/nada

    _____

    5. ellos/vivir/mucho/años/campo,/pero/nosotros/quedarnos/siempre/ciudad

    _____

    _____

B. Respond to the question or statement, using the present perfect *or* past
    perfect of the infinitives. Use the words provided in the order given. Make
    any necessary changes, and add other words when necessary.

    1. ¿Ya volvieron todos de la excursión?

        no, / Pedro / no / volver / todavía

    _____

    2. ¿Hacen Uds. muchos preparativos (*preparations*) para el viaje?

        sí, / nunca / tener que / llevar / tanto / cosas / este / vez

    _____

    3. Yo casi no podía respirar el jueves.

        sí, / aire / nunca / estar / tan / contaminado / ese / día

    _____

4. Nosotros no tuvimos ningún problema con las autopistas.

    sí, / pero / otro / años, / estar / paralizado / por / nieve

    _____

5. ¿Llegaste a ver a tu abuela?

    no, / ella / ya / morir / cuando / llegué

    _____

C. Complete the following brief dialogs between you and a friend or a member
    of your family. Follow the model.

    Ejemplo: —Ya cerraste la puerta, ¿verdad?

              —No, no la he cerrado todavía.

              —Pues, ciérrala. Yo creí que ya la habías cerrado.

    1. —Ya compraste más café, ¿verdad?

        —_____

        —_____

    2. —Ya llamaste a tu tío Raúl, ¿verdad?

        —_____

        —_____

    3. —Ya les escribiste a tus abuelos, ¿verdad?

        —_____

        —_____

    4. —Ya abriste las ventanas, ¿verdad?

        —_____

        —_____

    5. —Ya hiciste tu maleta, ¿verdad?

        —_____

        —_____

    6. —Ya pusiste la mesa, ¿verdad?

        —_____

D. Change the italicized verbs to the past tense, using preterite, imperfect or past perfect. Read through the entire narrative before beginning to writ. The first sentence is done for you.

Durante la Segunda Guerra Mundial Marcelo (1) *es* estudiante interno (*boarding*) en Bélgica (*Belgium*). Cuando (2) *se anuncia* que los alemanes (3) *han cruzado* la frontera, él y dieciséis otros jóvenes (4) *se escapan* en bicicleta en dirección a Francia. (5) *Viajan* principalmente de noche y por fin (6) *llegan* a París, donde él (7) *tiene* que abandonar su bicicleta. En París (8) *toma* un tren para el sur del país, con muchísima otra gente que (9) *ha venido* del norte. Marcelo (10) *pasa* casi tres años en un pueblo pequeño de la costa mediterránea hasta que (11) *puede* regresar a Bélgica, donde (12) *empieza* a buscar a sus padres, que (13) *están* entre los muchos que (14) *han desaparecido* durante la ocupación alemana. Aunque mucha gente (15) *muere* sin dejar rastros (*traces*), él (16) *tiene* suerte en encontrar vivos a sus padres, quienes (17) *piensan* que Marcelo (18) *ha desaparecido* para siempre.

1. ___era___   2. _____   3. _____   4. _____

5. _____   6. _____   7. _____   8. _____

9. _____   10. _____   11. _____   12. _____

13. _____   14. _____   15. _____   16. _____

17. _____   18. _____

Capítulo 17

VOCABULARIO: PREPARACIÓN

A. Complete the sentences with the correct form of words from the list on the right.

1. Para subir al sexto piso use el _____; para

   subir al primero, use las _____.

2. Nuestro apartamento está en el primer _____,

   a la derecha.

3. El _____ que cuida el edificio vive en el

   piso bajo (*ground floor*).

4. No conocemos bien a nuestros _____ aunque

   (*although*) los vemos todos los días.

5. No te olvides de apagar las _____; ¡hay

   que conservar energía!

6. Los _____ tienen que pagar la luz y el

   _____.

7. ¿Por qué no salimos a nadar? No hay nadie en la

   _____.

8. Tendré que _____ un apartamento por lo

   menos por un año. Ahora no tengo suficiente dinero para

   comprar uno.

9. El precio del apartamento en el primer piso es más bajo

   porque ese apartamento no tiene _____.

alquilar
alquiler
ascensor
escalera
gas
inquilino
luz
peso
piscina
piso
portero
vecino
vista
visto

B. Complete the sentences with the name of the part of the house in which the following activities usually take place.

1. Cocinamos en la _____ y a veces comemos allí también,

    pero cuando tenemos invitados casi siempre comemos en el _____

2. Nos bañamos en el _____.

3. Dormimos en la _____.

4. Entramos en la casa por la _____.

5. Cuando hace buen tiempo nos sentamos en el _____ y a

    veces almorzamos allí también.

6. Visitamos y conversamos con nuestros amigos en la _____.

7. Podemos ver la vista de toda la ciudad de nuestro _____

    (o nuestra _____).

8. Ud. tendrá que estacionar su coche en la calle porque este apartamento

    no tiene _____.

PRONUNCIACIÓN: *Review of Accents*

A. A Self-test

1. On what syllable are words ending in a vowel, −*n*, or −*s* normally stressed

2. On what syllable are words ending in a consonant (except −*n* or −*s*)
    normally stressed?

3. What is the primary purpose of the accent mark?

4. Explain why an accent mark is needed a) on *hágalo* and *hágamelo* but not
    on *haga*; b) on *francés* but not on *francesa*, *franceses*, and *francesas*;
    c) on *¿qué piden?* but not on *piden que salgas*; d) on the imperfect
    forms *hacía*, *hacías*, and *íbamos* but not on *iba*, *ibas*, and *iban*; e) on
    the preterite endings −*é*, −*ó*, −*í*, *ió*; f) on *algún* and *ningún* but not
    on *alguno* and *ninguno*.

B. The stressed vowels in the following words are italicized. Write in accent
    marks when needed.

1. dej*a*mos	6. preparac*io*n	11. sill*o*nes	16. econom*í*a
2. dej*a*bamos	7. preparat*i*vos	12. int*e*res	17. econom*i*co
3. dej*a*ban	8. electricid*a*d	13. inter*e*ses	18. cr*e*dito
4. hospit*a*l	9. el*e*ctrico	14. com*ie*ndo	19. alem*a*n
5. telegr*a*ma	10. sill*o*n	15. com*ie*ndolos	20. alem*a*nes

MINIDIÁLOGOS Y GRAMÁTICA

68. *Present Perfect Subjunctive*

A.   Change the present perfect indicative to the present perfect subjunctive.

Ejemplo: ha alquilado → haya alquilado

1. hemos encontrado   _____

2. he vivido   _____

3. te has dormido   _____

4. han buscado   _____

5. se han sentado   _____

6. hemos roto   _____

B.   Rewrite the sentences, using the present perfect subjunctive.

Ejemplo: Es posible que el vuelo esté atrasado. →

Es posible que el vuelo haya estado atrasado.

1. Ojalá que arreglen el ascensor.

_____

2. Espero que vuelvan a tiempo.

_____

3. Tal vez alquilen un apartamento con vista a la piscina.

_____

4. Espero que me escriban hoy.

_____

5. No creo que los inquilinos se quejen mucho.

_____

6. Nos alegramos que siempre haya un portero.

_____

C.   Answer according to the cue. Change object nouns to pronouns.

Ejemplo: ¿Ya ha alquilado Pedro el apartamento? (No, dudo que) →

<u>No, dudo que lo haya alquilado.</u>

1.   ¿Ya ha venido María? (Ojalá que)

_____

2.   ¿Se han mudado a los suburbios? (Sí, y siento que)

_____

3.   ¿Han comprado el apartamento con tres alcobas? (No sé. Espero que)

_____

4.   ¿Tu hija ya ha conocido a los vecinos? (Sí, y me alegro que)

_____

5.   ¿Han arreglado la conección del gas? (No, no creo que)

_____

6.   ¿Ya hemos perdido ese vuelo? (Sí, es probable que)

_____

7.   ¿Ya ha vendido Laura la casa? (No sé. Es posible que)

_____

69.   *Subjunctive After Non-Existent and Indefinite Antecedents*

A.   Restate the sentences according to the cues.

Ejemplo: Tengo un coche que es económico. (buscar) →

<u>Busco un coche que sea económico.</u>

1.   Viven en una casa que tiene terraza. (querer)

_____

2.   Tienen una secretaria que sabe alemán. (necesitar)

_____

3.   Tenemos una profesora que no se enoja y que nunca llega tarde. (que

_____

4.   Hay alguien aquí que conoce a María Rosa. (no hay nadie aquí)

_____

5. Hay muchos zapatos que me gustan. (no hay ningunos)

   _____

6. Vienen algunos que traen su propia comida. (no viene ninguno)

   _____

7. Conocemos a un joven que da clases de guitarra. (buscar)

   _____

B. Complete the sentences according to the cues. Make any necessary changes, and add other words when necessary.

1. Tenemos unos amigos que _____.
                          (vivir / centro)

2. Marta quiere conocer a alguien que _____.
                                   (saber / hablar / francés)

3. Acabo de comprar unos zapatos que _____.
                                   (encantarme)

4. Necesito comprar zapatos que _____.
                              (ser / cómodos)

5. No hay ningún apartamento que _____.
                               (costar / menos)

6. No conozco a nadie que _____.
                        (no / hacer / su / tarea)

7. No hay ninguna clase que _____.
                          (interesarme)

C. Restate the sentences using adjective clauses.

   Ejemplo: Nadie trae suficiente dinero. →

             No hay nadie que traiga suficiente dinero.

1. Ninguna clase de biología empieza a las ocho.

   _____

2. Aquí nadie baila bien.

   _____

3. Alguien se sienta aquí. (¡Ojo!)

   _____

4. ¿Alguien quiere acompañarme? (¡Ojo!)

    _____

5. Nadie se acuerda de la hora.

    _____

6. En nuestra familia nadie madruga.

    _____

D. Write in Spanish.

1. I don't know anyone who is going.

    _____

2. There's someone here who wants to see you (*familiar*).

    _____

3. No one here has time, and there's no one who feels like it, either.

    _____

4. I need an apartment that has (an) elevator.

    _____

5. There is no one here who knows her.

    _____

70. *Subjunctive After Certain Conjunctions*

A. Change the prepositional phrases to adverbial clauses.

    Ejemplo: Llamaremos antes de salir. (antes que ellos) →

              Llamaremos antes que ellos salgan.

1. Vamos al hotel para descansar. (para que tú)

    _____

2. No iremos sin llamar primero. (sin que ellos)

    _____

3. Te veré antes de irme. (antes que tú)

    _____

4. Escribiré la dirección para no equivocarme. (para que Uds.)

_____

B. Complete the sentences according to the cues.

1. Llámalo en caso de que (él) _____ /
   <u>querer venir</u>

   _____ / _____
   <u>no saber nuestra dirección</u>   <u>estar trabajando en el patio</u>

2. Eva no podrá ir a menos que su madre _____ /
   <u>darle permiso</u>

   _____ / _____
   <u>decirle que sí</u>   <u>volver a tiempo</u>

3. Vámonos antes que _____ /
   <u>llover</u>

   _____ / _____
   <u>ser tarde</u>   <u>empezar a nevar</u>

C. Write in Spanish.

1. Clean (tú) the apartment before you leave.

   _____

2. Clean (Ud.) the apartment before we leave.

   _____

3. I can go provided you (tú) go too.

   _____

4. Wake me up (tú) in case I'm sleeping.

   _____

5. We won't say goodbye unless you (Uds.) promise to return.

   _____

6. Sit down (tú) to eat.

   _____

7. Sit down (Uds.) so we can eat.

   _____

ADAPTACIÓN DEL DIÁLOGO

Fill in the blanks with the most appropriate words to form a narrative summary of the *Diálogo*.

A. Ana María y Maricarmen, dos amigas, están _____ en la casa de

Maricarmen. A Ana María _____ parece imposible que Maricarme

y su esposo _____ vivido tres años en el centro con tanto

_____ y falta de vista. Maricarmen está de acuerdo pero le

explica que vivir en el centro _____ sido más _____

y más conveniente para su _____. Pero ahora ella se ha

_____ en unos cursos nocturnos y ellos quieren _____

un apartamento que _____ más cerca de la universidad.

   Ana María le recomienda que _____ a buscar apartamento

en un edificio recién _____ cerca de su casa. Maricarmen

dice que con _____ que el apartamento no _____

demasiado caro, no _____ importaría pagar un poco más.

B. Cuando llegan a la nueva casa de apartamentos las dos mujeres hablan con el

_____ y le dicen que buscan un apartamento que _____

dos _____ y vista al exterior. Él les dice que hay dos, uno

en el _____ piso y otro, mucho más _____, en

el quinto, porque no hay _____. A Maricarmen no _____

interesa _____ al quinto piso a pie, sobre todo después de

_____ y estudiar día y noche. Pasan en _____

al apartamento del primer piso que les parece amplio y cómodo. En cuanto a

(*As for the*) contrato, tendrían que pagar cuatrocientos veinticinco pesos

_____ mes, un mes _____ y otro mes de garantía

La luz y el gas los pagará el _____.

C. En casa Maricarmen le cuenta todo a su _____. Al principio (

first) el apartamento _____ parece muy _____, per

ella le recuerda que su hermana quiere venir a estudiar en la universidad y ella puede _____ con ellos y ayudar un poco con el

_____. Un buen arreglo (*arrangement*) para todos.

UN POCO DE TODO

A. Form complete sentences using the words provided in the order given. Make
any necessary changes, and add other words when necessary. Use present
indicative and present subjunctive.

1. yo / no / conocer / nadie / que / no / haber / visto / película

   _____

2. Rafael / necesitar / alguien / que / llevarlo / centro

   _____

3. nosotros / tener / apartamento / que / ser / amplio

   _____

4. tú / no / ir / hacerlo / bien / a menos que / seguir / mi / instrucciones

   _____

5. es preciso / que / ellos / hacerlo / antes de / salir

   _____

6. estoy seguro / que / no / haber / venido / nadie

   _____

7. es mejor / que / (tú) llamarlo / para que / (él) saber / dónde /

   estar (nosotros)

   _____

B. Answer using the present perfect subjunctive.

   Ejemplo: ¿Ya pidieron ellos el café? →

   No, no creo que lo hayan pedido todavía.

1. ¿Ya vieron ellas al portero?

   _____

2. ¿Ya trajeron los hombres la alfombra?

   _____

3. ¿Ya hizo Jorge los arreglos?

   _____

4. ¿Ya resolvieron tus padres el problema del alquiler?

   _____

5. ¿Ya arreglaron las luces?

   _____

6. ¿Ya le explicaron los dueños la situación?

   _____

C. Complete the sentences according to the cues.

   1. Hoy encontramos un apartamento que _____ para
                                              estar / centro

   que mi esposa _____ más rápido al trabajo.
                      poder / llegar

   2. ¿Dónde puedo encontrar algo que _____ a mi papá
                                          gustarle

   No veo ninguna cosa que _____. Creo que él
                                interesarme

   _____ una camisa azul o una que _____
        preferir   poder /

   _____ con su traje gris.
       llevar

   3. Ella me ha _____ que vendrá sin que la
                      decir

   _____, a menos que su jefe le _____
        llamar (nosotros)   dar

   más que hacer.

D. Write in Spanish, on a separate sheet of paper.

      This summer my family plans to go to the mountains for a week. I have
   asked (*pedir*) my best friend, Patricia, to go with us. She has told me
   that she would like to go unless her family goes to visit her grandparents
   during that week.
      We hope to leave on the 13th of August provided my parents have finished
   a book they're writing. We all love to go to the mountains. There's nobody
   in our family who doesn't have a good time there.

Capítulo 18

VOCABULARIO: PREPARACIÓN

A. Complete the narrative with the correct form of the words from the list on the right.

Ayer (yo) _____ la frontera yendo de

España a Francia. El inspector de _____

primero me pidió el _____ y luego me

preguntó si tenía algo que (to) _____.

Yo le dije que no y naturalmente no tuve que pagar

_____. También me preguntó cuánto tiempo

_____ a viajar en Francia. Le contesté

que seis semanas. Yo tendría cara de persona honesta

porque él apenas (scarcely) examinó mis maletas. Sin

embargo (however), una _____ de

_____ francesa que volvía a su país

tuvo muchos problemas. Después de _____le

el pasaporte, el agente le hizo abrir una maleta y

empezó a _____la cuidadosamente (carefully).

Cuando encontró unos artículos que ella seguramente no

había declarado, le puso una _____ que

ella pagó muy descontenta.

aduanas
cruzar
declarar
derechos
ir
multa
nacionalidad
pasaporte
pedir
preguntar
registrar
tratar
viajero

B. Complete the sentences with the noun described.

1. El lugar donde se compran los billetes para viajar es la

_____.

2. El acto de llegar es la _____.

3. Un tipo de cama en un tren es una _____.

4. El hombre que nos lleva el equipaje es el _____.

5. Un billete que nos permite ir y volver es un billete _____.

6. El papel que nos da las horas de llegada y salida de los trenes o autobuses es el _____.

7. El lugar donde esperamos inmediatamente antes de subir al tren es el _____.

C. Complete the sentences with the correct form of words from the list on the right.

1. Cuando viajo al extranjero me quedo en una _____.

2. Hay que llamar al hotel para ver si tienen una habitación _____.

3. Escribí al dueño de la pensión para _____ una habitación.

4. Cuando llegué al hotel había varios empleados en la _____.

5. Me dieron un buen cuarto porque lo reservé _____.

6. El _____ llevó mis maletas a mi cuarto y le di una _____.

7. Nos escribieron del hotel para _____ nuestra habitación para el 18 de agosto.

8. En la recepción del hotel conocimos a otros _____.

9. Felizmente mi cuarto tenía un baño privado con _____.

10. Cuando hacemos un viaje largo, a veces tenemos que _____ tren varias veces.

botones
cambiar de
con (... días de
  anticipación
confirmar
desocupado
ducha
huésped
pensión
propina
recepción
reservar

PRONUNCIACIÓN: A Self-test

1. In *ca*, *co*, and *cu*, the letter *c* represents the sound [k]. What sound does it represent in *ce*, *ci*?

2. How is [k] spelled before *e* and *i*?

3. In *ga*, *go*, *gu*, the letter *g* represents the sound [g]. What sound does it represent in *ge*, *gi*?

4. How is [g] spelled before *e* and *i*?

5. How is *gua* pronounced? a. [gwa]   b. [ga]   c. [gú-a]

6. If you hear the stop [b] or the fricative [b̵], what two letters might be used to spell either one?

7. What three ways can the [s] sound be spelled?

8. What two letters can represent the [y] sound?

9. What letter takes the place of *z* before *e* or *i*?

10. Match the following spellings with their pronunciations: *ce*   *que*   *cue*
    a. [ke]   b. [kwe]   c. [se]

11. Give the plural of *lápiz* and *actriz*.

12. Give the first person singular (*yo*) preterite of *buscar*, *pagar*, and *aterrizar*.

13. Give the first person singular (*yo*) present subjunctive of *tocar*, *llegar*, and *almorzar*.

14. Give the forms of *leer* and *oír* that correspond to *comió*, *comiendo*, and *comiste*.

MINIDIÁLOGOS Y GRAMÁTICA

71. *Indicative and Subjunctive After* <u>aunque</u>

    A. Rewrite the sentences, changing from the past to the future.

        Ejemplo: Fuimos aunque estaba lloviendo. →

               <u>Iremos aunque esté lloviendo.</u>

      1. Salimos aunque era tarde.

      _____

      2. No hablé con él aunque me llamó tres veces.

      _____

3. No se acostó temprano aunque se lo dijiste mil veces.

_____

4. Quería salir aunque sus padres se lo prohibieron.

_____

5. Se divirtió aunque no había otros jóvenes allí.

_____

6. Se quedó dormido aunque hacíamos mucho ruido.

_____

7. Subió (*He carried up*) las maletas aunque no le diste propina.

_____

B. Write in Spanish.

1. Although we may pay duty . . . _____

2. Although we do pay duty . . . _____

3. Although you may like it . . . _____

4. Although you do like it . . . _____

5. Although you may not remember . . . _____

6. Although you do not remember . . . _____

72. *Subjunctive and Indicative After Conjunctions of Time*

A. Rewrite the following sentences to tell what *will* happen. Remember to use the subjunctive in the dependent clause after conjunctions of time that introduce future events.

Ejemplo: Salí en cuanto me llamaron. → <u>Saldré en cuanto me llamen.</u>

1. Comimos en cuanto volvió mi padre.

_____

2. Les entregué los papeles después de que me los pidieron.

_____

3. El botones subió el equipaje tan pronto como le dieron la llave.

_____

4. José nos avisa cuando llegan a casa.

   _____

5. No pude manejar hasta que obtuve mi licencia.

   _____

6. Regresaron tan pronto como hicieron los arreglos necesarios.

   _____

B. Tell what the following people will do when the conditions are "right."

   Ejemplo: yo / estudiar / cuando / tener tiempo →

             Yo estudiaré cuando tenga tiempo.

   1. Elena / hacer el viaje / en cuanto / recibir el telegrama

      _____

   2. ellos / no / casarse / hasta que / encontrar casa

      _____

   3. Roberto / avisarnos / tan pronto como / saber los resultados

      _____

   4. Mario / venir a buscarnos / después de que / volver su hermano

      _____

   5. mi hermana y yo / ir a México / cuando / graduarnos

      _____

   6. yo / bañarme / en cuanto / baño / estar / desocupado

      _____

C. Write in Spanish.

   1. Call (tú) me when the bathroom is empty.

      _____

   2. Let (tú) me know as soon as you receive news (noticias) of them.

      _____

3. The bellhop carried up our luggage after we arrived.

_____

4. We'll call them after we arrive.

_____

5. We can leave after the inspector checks our luggage.

_____

6. I'll wait for you (*familiar*) until you return.

_____

73. *Stressed Possessive Adjectives and Possessive Pronouns*

A. Complete each sentence with the appropriate stressed possessive pronoun. The object possessed belongs to the subject of the sentence.

Ejemplo: ¿La grabadora? Ya trajimos la nuestra.

1. ¿El horario? Yo tengo _____.

2. ¿El pasaporte? Beatriz ya entregó _____.

3. ¿Los billetes? Ya compramos _____.

4. ¿La habitación? Mis padres ya pagaron _____.

5. ¿La cámara? Mi hermano ya encontró _____.

6. ¿Las llaves? Yo no perdí _____.

7. ¿Las maletas? Pepe ya hizo _____.

B. Restate using stressed possessive adjectives.

Ejemplo: Es mi abrigo. → Es un abrigo mío.

1. Son mis libros. _____

2. Vinieron tus amigos. _____

3. Son sus trajes. _____

4. Vendrá nuestra vecina. _____

5. Llamó tu profesor. _____

6. Esperan a sus parientes. _____

C. Answer the questions, indicating that the objects are not someone else's but yours.

Ejemplo: ¿Es ése el coche de tu hermana? → <u>No, no es suyo. Es mío.</u>

1. ¿Es ésa la invitación de Juanita?

   _____

2. ¿Son ésos mis billetes?

   _____

3. ¿Es ésa la grabadora de tus padres?

   _____

4. ¿Son ésas las cámaras de Pepe?

   _____

5. ¿Son nuestras esas maletas?

   _____

6. ¿Es esta litera de María Luisa?

   _____

D. Write in Spanish.

1. He's a cousin of mine.   _____

2. They're friends of ours.   _____

3. We're neighbors of theirs. _____

4. ¿Are you a friend of hers? _____

5. This passport isn't mine. It's yours.

   _____

ADAPTACIÓN DEL DIÁLOGO

Fill in the blanks with the most appropriate words to form a narrative summary
of the *Diálogo*.

A. En la aduana una _____ colombiana le _____ su

   pasaporte al inspector y le asegura (*assures*) que su maleta _____

   sólo objetos de _____ personal y que no tiene nada que

   _____.

   De todos modos, él le pide que _____ su maleta porque es

preciso que _____ su equipaje aunque eso la _____

un poco. Tan _____ como acabe, ella podrá _____

hasta la _____ con tal que no _____ que pagar

_____.

    Después de _____ su maleta sin _____ nada

ilegal, el inspector le permite pasar deseándole una buena estancia (*stay*)

en su país.

B. Cuando sale de la estación de trenes la viajera encuentra que ya no hay

autobuses _____ la ciudad porque es muy _____

y tampoco ve _____ taxi. Un maletero que está allí le

informa que los taxistas están en _____ pero que él hará lo

posible para _____le uno, con tal que a ella no le importe

_____ un minuto.

C. Poco tiempo después ella llega al hotel en el taxi. Tiene muchas

_____ de acostarse en _____ llegue a su habi-

tación porque está _____. Al bajar del taxi le paga al

taxista los 35 pesos que le _____ y 5 más de _____

pero le pide que la _____ hasta que _____ su

reservación. El taxista promete _____ allí con tal que ella

regrese pronto.

    Cinco minutos más tarde ella vuelve contenta con su habitación y con el

hotel en general que parece tener todas las _____. El taxista

le asegura que hizo bien en reservar su habitación con _____

porque en agosto hay pocos cuartos _____.

UN POCO DE TODO

A. Form complete sentences using the words provided in the order given. Make
any necessary changes, and add other words when necessary.

    1. mañana/José/acostarse/temprano/aunque/tener/mucho/trabajo.

_____

2. yo/no/contestar/teléfono/anoche/aunque/(él) llamarme/muchas veces

_____

_____

3. próximo/domingo/(nosotros) ir/playa/aunque/no/hacer calor

_____

4. ellos/no/han dormido/pero/dormir/más tarde/después de que/llegar/hotel

_____

_____

5. diles/que/(ellos) venir/verme/mañana/en cuanto/(ellos) terminar/su/
trabajo

_____

_____

6. (yo) salir/para/Madrid/tan pronto como/hotel/confirmar/habitación

_____

_____

7. (tú) no/conocer/mi/novia/ahora.,/pero/(tú) ir/conocerla/cuando/(ella)
venir/mañana/por/noche

_____

_____

B. Change from the past to the future.

Ejemplo: Fuimos a Brasil aunque no teníamos mucho dinero. →

Iremos a Brasil aunque no tengamos mucho dinero.

1. No pude cambiarme de ropa hasta que llegó mi equipaje.

_____

2. Salieron de la aduana en cuanto pagaron la multa.

_____

3. Reservaron una habitación cuando compraron sus billetes.

_____

4. Les registraron las maletas tan pronto como vieron las tres cámaras.

_____

_____

5. Después de que aterrizaron se pusieron muy contentos.

_____

C. Write in Spanish.

ANA: At what time does Felipe's plane arrive?

_____

CARLOS: At 4:45. I said we would meet him at the exit.

_____

ANA: We don't have to rush (*apurarnos*). They always take a long time (*demorar mucho*) in customs. Can we go in your car? Mine doesn't start. Besides, yours is bigger.

_____

_____

_____

CARLOS: Sure. As soon as we get to the airport you go to look for him while (*mientras que*) I park the car.

_____

_____

ANA: Don't worry. I'll find him unless he's changed a lot since (*desde que*) we saw him the last time.

_____

_____

CARLOS: Let's go, so Felipe doesn't have to wait alone.

_____

ANA: O.K. As soon as I get (*buscar*) my purse.

_____

Capítulo 19

VOCABULARIO: PREPARACIÓN

A. Complete the sentences with the correct form of words from the list on the right.

1. Muchos de nuestros antepasados (*ancestors*)

    _____ de Europa.

2. En los últimos años muchos cubanos han llegado a

    los Estados Unidos como _____.

3. Millones de inmigrantes que viven en este país

    dejaron su _____ voluntariamente.

4. Las personas _____ hablan dos

    _____.

5. Los refugiados a veces tienen dificultad en

    _____ a la cultura del nuevo país

    porque muchas _____ son muy diferentes.

6. Muchas personas emigran a otro país

    _____.

7. Generalmente los exiliados y los refugiados

    tuvieron que _____ en su patria

    todos sus _____.

8. Los refugiados cubanos que viven en Chicago

    _____ el clima tropical de su

    _____.

9. Muchos inmigrantes de Hispanoamérica prefieren

    _____ en California o en Florida.

acostumbrarse
añorar
bienes
bilingüe
costumbre
dejar
emigrar
establecerse
idioma
patria
por necesidad
raíz
refugiado
tierra natal

10. Las _____ de muchos norteamericanos están en países europeos.

B. Answer the following questions, based on the reading *"Un exiliado cubano"*.

1. ¿Qué profesión tenía Miguel García en Cuba?

   _____

2. ¿Después de qué hecho (*event*) histórico emigró Miguel García a los

   Estados Unidos? _____

3. ¿Qué trajeron los García? _____

4. ¿Cuáles fueron algunos obstáculos que encontraron los García?

   _____

5. ¿Dónde tuvo que trabajar el Dr. García?

   _____

6. ¿Qué comían los García en Cuba?

   _____

7. ¿Cómo han cambiado los García en 15 años?

   _____

C. Complete the sentences with *pero* or *sino*.

1. Busco apartamento _____ no quiero uno que esté muy lejos.

2. México no es su tierra natal _____ su patria adoptiva.

3. José gana mucho _____ también trabaja mucho.

4. No desean emigrar _____ sólo visitar el país.

5. Su bebé no es niño _____ niña.

6. Hay gente que trabaja mucho, no por necesidad _____ por gusto.

7. Me gustaría venir a verte _____ no puedo.

8. No son inmigrantes _____ turistas.

PRONUNCIACIÓN: Review of Rhythm and Intonation

1. What difference is there between the pronunciation of *las aves* (*the birds*) and *la sabes* (*you know it*)?

2. In which language—Spanish or English—does the rhythm depend more on whether syllables are stressed or not?

3. Which language has a more even ("DOT-DOT-DOT") rhythm?

4. In which language does the intonation of a sentence rise and fall more often and with more variety?

5. In a simple statement such as *Se come muy bien en este restaurante*, does the speaker's voice usually rise, or fall, at the end?

6. In a yes/no question such as *¿Es probable que vengan?*, does the speaker's voice usually rise, or fall, at the end?

7. In an information question such as *¿Adónde viajó Ud.?*, does the speaker's voice usually rise, or fall, at the end?

8. In a series of items such as *María, David, Pilar y Manuel*, on which word(s) will the speaker's voice usually rise?

MINIDIÁLOGOS Y GRAMÁTICA

74. Past Subjunctive

A. Give the third person plural (*ellos*) form of the preterite and the indicated past subjunctive form of the verbs.

		Preterite		Past Subjunctive
hablar	→	hablaron	→ yo	hablara
1.	aprender		yo	
2.	decidir		yo	
3.	sentar		tú	
4.	jugar		tú	
5.	querer		tú	
6.	hacer		Ud.	
7.	tener		Ud.	
8.	poner		Ud.	
9.	traer		nosotros	
10.	venir		nosotros	
11.	seguir		nosotros	
12.	dar		Uds.	
13.	ser		Uds.	

14. ver _____ Uds. _____

B. Fill in the appropriate form of the past subjunctive.

1. Enrique quería que yo _____ todo / _____
   $\qquad$ aprender $\qquad$ almorzar

   con él / _____ la cena / _____ el café.
   $\qquad$ empezar $\qquad$ hacer

2. Ellos dudaban que tú _____ ir / _____
   $\qquad$ poder $\qquad$ recordar

   la fecha / _____ allí / _____ hoy.
   $\qquad$ estar $\qquad$ venir

3. Ellos nos pidieron que los _____ / _____
   $\qquad$ despertar $\qquad$ poner

   la mesa / _____ / la _____.
   $\qquad$ sentarnos $\qquad$ ver

4. Pepe dijo que no iría a menos que ellos le _____ más
   $\qquad$ ofrecer

   dinero / le _____ otro billete / le _____
   $\qquad$ dar $\qquad$ decir

   la verdad / le _____ otro coche.
   $\qquad$ conseguir

C. Complete the sentences in the past tense, making any necessary changes
   in the dependent clause.

   Ejemplos: Quiero que vayas. → Quería <u>que fueras.</u>

              Iré cuando me llamen. → Fui <u>cuando me llamaron.</u>

1. Te digo que no te preocupes.

   Te dije _____

2. Dudo que vengan esa noche.

   Dudaba que _____

3. Es preciso que no se equivoquen.

   Era preciso _____

4. Buscamos una casa que cueste menos.

   Buscábamos _____

5. Comprará los billetes antes de que salgamos.

Compró _____

6. Hace todo lo posible para que estemos cómodos.

Hizo todo lo posible _____

7. Saldremos en cuanto nos avisen.

Salimos _____

8. Comprarán una casa cuando obtengan trabajo.

Compraron _____

9. Nos llamarán cuando lleguen.

Nos llamaron _____

D. Write these pairs of sentences in Spanish.

Ejemplo: I said I would study. → <u>Dije que estudiaría.</u>

I told you (*familiar*) to study. → <u>Te dije que estudiaras.</u>

1. I said I would go. _____

I told you (*familiar*) to go. _____

2. I said we would do it. _____

I told them to do it. _____

3. He told me he would say goodbye. _____

He told us to say goodbye. _____

4. I told them I would return soon. _____

I told them to return soon. _____

75. *Conditional Sentences*

A. Rewrite the sentences according to the model.

Ejemplo: Si yo no trabajo, no tendré bastante dinero. →

<u>Si yo no trabajara, no tendría bastante dinero.</u>

1. Si yo no voy, se enojarán.

_____

2. Si ellos me hacen eso, me quejaré al jefe.

   _____

3. No estaré listo si vienes muy temprano.

   _____

4. Yo no iré si tú no me acompañas.

   _____

5. El no se acostumbrará si no sabe el idioma.

   _____

6. No podrá mantener a su familia si no encuentra trabajo.

   _____

7. No volverá a Buenos Aires si no tiene familia allí.

   _____

B. Complete the sentences according to the cues. Make any necessary changes
   and add other words when necessary.

   Ejemplo: Marta tiene que salir en quince minutos, pero trabaja como si

   _____tuviera una hora_____.
        tener / una hora

   1. Raúl no conoce a nadie, pero habla como si _____.
                                                 conocer / todo el mundo

   2. Roberto no tendrá más de cien dólares, pero habla como si

      _____.
        ser / millonario

   3. Mi hermana no hace nada, pero habla como si _____.
                                                  trabajar / todo el día

   4. Casi nunca vemos a mis primos, pero ellos hablan como si

      _____.
        verlos / todo el tiempo

   5. Sólo vienen una vez por mes, pero hablan como si

      _____.
        venir / todo el tiempo

   6. Mi padre va al teatro sólo una vez por año, pero habla como si

      _____.
              ir / siempre

C. Your friends find themselves in the following situations. Give advice to them, following the model.

Ejemplo: Su amigo Jorge tiene que salir de casa en veinte minutos y no se ha levantado todavía. →

<u>Si yo tuviera que salir en veinte minutos, me levantaría ahora.</u>

1. Su amiga Amelia quiere perder peso, pero come demasiado y no hace ejercicios.

   _____

2. Su amigo Miguel quiere salir con María, pero no puede decidir entre llevarla a comer o invitarla al teatro.

   _____

3. Su amiga Anita sabe hablar francés muy bien, pero no puede decidir entre ir a Europa o a Sud América.

   _____

4. Su amiga Carmen acaba de recibir una herencia (*inheritance*) de diez mil dólares y no sabe si gastarlos en comprar un coche o ponerlos en el banco.

   _____

5. Su amigo Tomás tiene que lavar el coche antes de las seis. Ya son las cinco y no ha empezado todavía.

   _____

76. *Sequence of Tenses*

   A. Write in Spanish, according to the cues.

   (tener tiempo / leer el periódico)

   1. If I have time, I'll read the newspaper.

      _____

   2. If I had time, I would read the newspaper.

      _____

   3. If I had time, I used to read the newspaper.

      _____

(poder / ir por la noche)

4. If I can, I'll go at night.

    _____

5. If I could, I would go at night.

    _____

6. If I could, I used to go at night.

    _____

(querer / salir)

7. Carlos wants to go out with me.

    _____

8. Carlos wants me to go out with him.

    _____

9. Carlos wanted me to go out with him.

    _____

B. Complete the narrative with the appropriate form of the verbs given, using the indicative or subjunctive, present or past, as necessary.

Ayer unos amigos me llamaron para preguntarme si _____
                                                        tener

tiempo para ir con ellos a un restaurante argentino y luego a un cine.

Yo les dije que yo _____ todo lo posible para terminar
                        hacer

mi trabajo antes de que _____ hora de salir. Les pedí
                              ser

que _____ por mi casa, pues era probable que _____
        pasar   acabar

a tiempo. Desgraciadamente no pude hacerlo, y cuando _____
                                                            tocar

el timbre (*rang the doorbell*), todavía me faltaba mucho que hacer (*I had

a lot left to do*). Yo les prometí que _____ en mi propio
                                              ir

coche más tarde y que los _____ después para ir juntos al
                                encontrar

cine. Cuando finalmente yo _____ mi trabajo, _____
                                  terminar   ser

tan tarde que _____ quedarme en casa. (Yo) _____
               decidir   llamar

al restaurante para avisarles que no _____ ir. Les
                                           poder

dije que sería mejor que yo _____ con ellos otro día.
                                    salir

    Mis amigos son personas muy interesantes y si yo no _____
                                                          tener

que trabajar tanto, me _____ pasar más tiempo con ellos.
                          encantar

ADAPTACIÓN DEL DIÁLOGO

Fill in the blanks with the most appropriate words to form a narrative summary of the *Diálogo*.

A. Un domingo por la mañana en casa de una familia _____ la

abuela le pregunta a su esposo si le _____ comer ese día en

el Parque. El se _____ muy contento porque parece que él

también _____ pensado en sugerir lo mismo pero no le había

_____ nada. Deciden llamar _____ sus hijos

para decirles que _____ a los nietos también. En fin, un

picnic con todos los familiares como _____ antes. Será como

si _____ otra vez en Puerto Rico.

B. Al hablar con su hija _____ teléfono, la abuela le dice que

no se _____ por traer nada porque ella está _____

comida para todos y en una hora todo _____ listo. De todos

modos, cuando la hija le dice que _____ pastelillos de

guayaba en casa, su mamá le dice que _____ traiga.

C. Más tarde, toda la familia está en el Parque Central. La _____

le pregunta a su abuelo dónde _____ vivir, en Puerto Rico o en

Nueva York. El abuelo dice que si _____ escoger, viviría en

Puerto Rico, pero que cuando perdió su _____ y no podía

encontrar trabajo, decidieron _____ a Nueva York. Allí

encontró trabajo y allí se quedarán. Su nieta comenta que no son inmigrante

_____ ciudadanos americanos. Según el abuelo, _____

sean ciudadanos, son de _____ cultura, de otra lengua. Para

su nieta, es diferente porque _____ en Nueva York, pero para

ellos, Puerto Rico siempre será su _____.

UN POCO DE TODO

A. Complete the sentences with the appropriate form of the verbs given, using
   the indicative or subjunctive, present, past or future, as necessary.

(tener)   1. Si yo _____ que mantener a mi mujer y tres

hijos, no gastaría mi dinero como Roberto. El gasta de-

masiado en su ropa y, a menos que _____ más

cuidado, no _____ lo suficiente para pagar

sus cuentas a fines del mes.

(llegar)   2. ¿Por qué te pones tan enojado? Antes, nunca te importaba que

nosotros _____ tarde. Ahora siempre te

enojas cuando _____ atrasados. Si insistes

en que _____ a tiempo, lo haremos.

(ir)   3. De niño, (yo) siempre _____ con mis padres a

visitar a mis parientes los domingos. Siempre insistían en

que _____ con ellos aunque no me gustaba mucho

Cuando yo sea padre, no voy a insistir en que mis hijos

_____ conmigo de visita.

(conocer) 4. —Ayer (yo) _____ al hermano de tu novia.

¡Qué simpático es!

—¿Ah, sí? Me alegro que lo _____, por fin.

Yo quería que (tú) lo _____ en la última

fiesta que dimos pero tú no pudiste venir.

B. Tell what each person *wanted* the other to do. Follow the model.

Ejemplo: Marta: Enrique, cómprame una botella de vino. →

Marta quería que Enrique le comprara una botella de vino.

1. Pepe: Gloria, tráeme mis llaves.

   _____

2. Ana: Carla, dime la verdad.

   _____

3. Carlos: Tomás, hazme una taza de café.

   _____

4. Antonio: Raquel, no vuelvas tarde.

   _____

5. David: Miguel, acuéstate temprano.

   _____

6. Rita: Ernesto, no te enojes tanto y sé más paciente.

   _____

C. Complete the narrative with the appropriate past tense forms of the verbs given.

Enrique _____ a Elena para que le _____ con
             llamar   ayudar

una fiesta de cumpleaños para su hermano Jorge. Le _____
                                                   pedir

que ella _____ una ensalada de frutas y que _____
            hacer   traer

unas sillas. Esperaba que su hermano no _____ que iba a
                                           saber

venir mucha gente. Le _____ la idea de que Jorge
                           gustar

_____ muy sorprendido al verlos. Les _____
estar   recomendar

a todos que _____ temprano para que así _____
               venir   poder

conversar un rato antes de que Jorge _____ de la oficina.
                                    volver

Dijo que haría todo lo posible para que todos _____ mucho y
se _____ a gusto.
divertirse
sentir

DIVERSIÓN. ¡*Supersticiones*! Unscramble the following words and fit them into the blanks to form a Spanish *refrán*.

ON   IN   ESSAC   ET   ET   ESTRAM   SOL

_ _ _   _ _ _ _ _ _   _ _   _ _   _ _ _ _ _ ,   _ _   _ _   E M B A R Q U E

°to go by boat (*i.e.*, to set out on a trip or begin something new)

REPASO DE VERBOS

Fill in the indicated verb forms. *Hablar* is done for you.

		Pres./Past Perfect Indicative			Conditional	Past Subjunctive
hablar	yo	he	/	había ⎫	hablaría	hablara
	Uds.	han	/	habían ⎭ hablado	hablarían	hablaran
vivir	yo	____	/	_____	_____	_____
	Uds.	____	/	_____ _____	_____	_____
dar	yo	____	/	_____	_____	_____
	Uds.	____	/	_____ _____	_____	_____
decir	yo	____	/	_____	_____	_____
	Uds.	____	/	_____ _____	_____	_____
estar	yo	____	/	_____	_____	_____
	Uds.	____	/	_____ _____	_____	_____
hacer	yo	____	/	_____	_____	_____
	Uds.	____	/	_____ _____	_____	_____
ir	yo	____	/	_____	_____	_____
	Uds.	____	/	_____ _____	_____	_____
oir	yo	____	/	_____	_____	_____
	Uds.	____	/	_____ _____	_____	_____
pedir	yo	____	/	_____	_____	_____
	Uds.	____	/	_____ _____	_____	_____
poder	yo	____	/	_____	_____	_____
	Uds.	____	/	_____ _____	_____	_____
poner	yo	____	/	_____	_____	_____
	Uds.	____	/	_____ _____	_____	_____
querer	yo	____	/	_____	_____	_____
	Uds.	____	/	_____ _____	_____	_____

		Pres./Past Perfect Indicative	Conditional	Past Subjunctive
saber	yo	_____ / _____	_____	_____
	Uds.	_____ / _____ _____	_____	_____
seguir	yo	_____ / _____	_____	_____
	Uds.	_____ / _____ _____	_____	_____
sentir	yo	_____ / _____	_____	_____
	Uds.	_____ / _____ _____	_____	_____
ser	yo	_____ / _____	_____	_____
	Uds.	_____ / _____ _____	_____	_____
tener	yo	_____ / _____	_____	_____
	Uds.	_____ / _____	_____	_____
traer	yo	_____ / _____	_____	_____
	Uds.	_____ / _____ _____	_____	_____
venir	yo	_____ / _____	_____	_____
	Uds.	_____ / _____ _____	_____	_____
ver	yo	_____ / _____	_____	_____
	Uds.	_____ / _____ _____	_____	_____

Capítulo 20

EN EL EXTRANJERO: PALABRAS ÚTILES

Complete the sentences with the correct word or words from the list on the right. There is more than one possible answer for some items.

1. Si uno quisiera comprar sellos, los buscaría en

    _____ o en _____.

2. El jabón y la pasta dental se pueden comprar en

    _____.

3. En Europa y Latinoamérica es necesario comprar fósforos;

    no se dan gratis (*free*) cuando se compran cigarrillos,

    como en los Estados Unidos. Si se le acabaran los

    fósforos, los compraría en _____.

4. Si Ud. quisiera tomar un trago, iría a _____

    o _____.

5. Después de escribir una carta, hay que meterla (*put it*)

    en _____.

6. Si Ud. quisiera comprar un periódico, iría a

    _____.

7. Si Ud. necesitara un sobre, lo compraría en _____.

8. Si Ud. quisiera tomar un batido, iría a _____.

un bar
un café
el correo
la farmacia
una papelería
la pastelería
un quiosco
los sellos
un sobre
una tabacalera

PREPARACIONES PARA UN AÑO EN EL EXTRANJERO

Fill in the blanks with the most appropriate words to form a narrative summary of the *Carta a Patti*.

Pilar le escribe a su amiga Patti diciéndole que está _____

de que vaya a pasar un año en _____. Hace mucho _____

que no se _____ y tiene muchas _____ de verla de
nuevo.

   Con respecto al alojamiento, Pilar le recomienda la _____ dond
ella misma (*herself*) vive. Está muy bien situada en la _____ (la
zona estudiantil). Allí hay restaurantes y bares y pastelerías (parece que
Patti es muy _____). Además, la Moncloa está situada entre la
boca del _____ y las _____ de los autobuses.

   Las tres comidas están _____ en el precio de la _____
y la comida es _____. De todos modos, si _____
apeteciera comida americana, hay de eso también muy cerca.

   Pilar le recomienda que _____ ropa de invierno porque
comienza a _____ frío en _____. Le recuerda lo
que dicen: "En Madrid hay nueve meses de _____ y tres de
_____."

   Le aconseja que no _____ ningún aparato _____
porque la _____ es diferente. Al llegar a Madrid, ella podrá
comprar todo lo que _____.

   Es muy probable que Patti _____ clases por la mañana y
posiblemente también por la tarde, pero como la pensión queda muy cerca del
Instituto, ella _____ volver para comer al _____.

   Le pide que le _____ si hay algún cambio en su vuelo porque
piensa ir a _____ en el aeropuerto. Al despedirse, le
_____ un saludo muy _____.

ANTE TODO

SALUDOS Y EXPRESIONES DE CORTESÍA. *EJERCICIO A.* 1-c, 2-a, 3-b, 4-d, 5-f, 6-e *EJERCICIO B.* 1-j, 2-e, 3-b, 4-g, 5-h, 6-k, 7-f, 8-c *EJERCICIO C.* 1. Buenas tardes. (Muy buenas.) 2. Bien, gracias, ¿y tú? (Bien, gracias, ¿y usted?) 3. Adiós. (Hasta luego.) (Hasta mañana.) 4. Me llamo _____.

FRASES ÚTILES. 1-c, 2-b, 3-b, 4-a, 5-c, 6-a, 7-c

CAPÍTULO 1

VOCABULARIO: PREPARACIÓN. *EJERCICIO A.* 1. Perdón. 2. Hola, Paco. ¿Qué tal? (Buenos días, Paco. ¿Cómo estás?) 3. Buenas noches, señor Rodríguez. (Muy buenas, señor Rodríguez.) 4. Con permiso. 5. Perdón. 6. Buenas tardes, señorita. *EJERCICIO B.* 1. la librería 2. el profesor (la mesa) 3. la estudiante 4. el bolígrafo 5. el lápiz 6. el diccionario 7. la biblioteca 8. el dinero 9. la clase *EJERCICIO C.* 1. el cuaderno 2. la mesa 3. el dinero 4. la persona 5. la tarde 6. el papel 7. la oficina

GRAMMAR SECTION 1. *EJERCICIO A.* 1. el 2. la 3. la 4. los 5. el 6. las 7. las 8. el *EJERCICIO B.* 1. un 2. una 3. una 4. unos 5. unas 6. un 7. unas 8. un *EJERCICIO C.* 1. las clases 2. unas noches 3. los hombres 4. las profesoras 5. unos lápices 6. unas tardes 7. unos días 8. las universidades *EJERCICIO D.* 1. la niña 2. el profesor 3. un consejero 4. la estudiante 5. un hombre 6. una dependienta *EJERCICIO E.* 1. Hay una secretaria en la oficina. 2. Hay unas señoras en la clase. 3. Hay unos papeles en la mesa. 4. Hay un (una) estudiante en la biblioteca.

GRAMMAR SECTION 2. *EJERCICIO A.* 1. ellas 2. él 3. yo 4. ellos 5. ellos 6. nosotras *EJERCICIO B.* 1. tú 2. vosotros/ustedes 3. ustedes 4. usted 5. tú/tú

GRAMMAR SECTION 3. *EJERCICIO A.* 1. hablan 2. bailamos 3. pagan 4. estudia 5. trabajas 6. enseña 7. regreso 8. buscáis la casa *EJERCICIO B.* 1. Ellos buscan los lápices. 2. No necesitamos regresar. 3. Ellas desean tomar unas cervezas. 4. Compran unos libros. 5. ¿Enseñan Uds. alemán? 6. ¿Estudian Uds. francés? ¿Estudiáis vosotros francés? *EJERCICIO C.* 1. Él baila (canta). 2. Él enseña inglés (francés). 3. Nosotros deseamos trabajar (estudiar). 4. Yo necesito el dinero (el libro). 5. Yo tomo Coca Cola (cerveza). *EJERCICIO D.* 1. No, no trabajo en una oficina. 2. No, no canta en alemán. 3. No, no regreso a la universidad por la noche. 4. No, no necesita dinero para pagar la matrícula. 5. No, no bailan en la biblioteca. *EJERCICIO E.* 1. Los estudiantes no desean bailar. 2. Nosotros buscamos los libros en la biblioteca. 3. El señor Jiménez paga las cervezas. 4. Yo deseo hablar con la secretaria.

GRAMMAR SECTION 4. *EJERCICIO A.* 1. ¿Paga María la matrícula? 2. ¿Trabajan ustedes aquí? 3. ¿Necesita estudiar Pedro? 4. ¿Habla francés el señor Pérez? 5. ¿Bailan bien María y Juan? *EJERCICIO B.* 1. ¿Desean ustedes tomar cerveza? 2. ¿Regresa mañana la mujer? 3. ¿Necesita usted (Necesitas) papel? 4. ¿Trabajan ustedes (Trabajáis) mucho? 5. ¿Cantan todas las noches? *EJERCICIO C.* 1. El profesor _____ (La profesora _____) enseña español. 2. Sí, estudiamos sicología. 3. Sí, habla inglés. 4. No, no regreso por la noche. 5. Sí, deseamos tomar una Coca Cola.

GRAMMAR SECTION 5. *EJERCICIO A.* 1. seis 2. ocho 3. Treinta 4. cuatro 5. once 6. diecinueve 7. doce 8. dieciséis *EJERCICIO B.* 1. catorce 2. doce 3. cuatro 4. veintiún 5. quince 6. veintiuna 7. treinta

ADAPTACIÓN DEL DIÁLOGO. *PARTE A.* estudiar / curso / Universidad / Secretario / la / secretaria / papeles / regresa / consejera / habla / mañana *PARTE B.* amigo / trabaja / las / toma / necesita / diccionario / un / un / libro de texto // diccionarios / trabajar / trabaja

UN POCO DE TODO. *EJERCICIO A.* 1. Yo deseo tomar una cerveza. 2. Mañana Tomás y yo compramos quince libros. 3. En la clase hay veintiuna niñas y once niños. 4. El Sr. Gil busca treinta cuadernos y trece lápices. 5. Los señores pagan veintiún pesos. *EJERCICIO B.* *EVITA:* Buenos días / señor *DEPEN.:* Muy buenos / desea *EVITA:* Busco *DEPEN.:* Cómo no / por favor (regresa / toma / paga) *DEPEN.:* Gracias / señorita *EVITA:* De nada *EJERCICIO C.* 1. No, el estudiante compra libros en la librería. 2. Sí, hay libros en español. 3. Ella trabaja en la librería. 4. No, compra dos libros. 5. No, hablan inglés. 6. No, paga doce dólares.

DIVERSIÓN. cero uno cuatro cinco nueve once trece catorce veinte veintiuno veinticuatro veinticinco veintinueve treinta

CAPÍTULO 2

VOCABULARIO: PREPARACIÓN. EJERCICIO A. 1. casado 2. sobrino 3. tía 4. abuelo 5. viejo
6. perezoso 7. parientes *EJERCICIO B.* casado / esposo / hijas / simpática *EJERCICIO C.* 1. bonito
2. viejo 3. alegre 4. pobre 5. pequeño 6. largo 7. antipático 8. malo *EJERCICIO D.* bajo /
feo / listo / trabajador

PRONUNCIACIÓN. 1. cantar 2. mujer 3. necesitan 4. hablas 5. actor 6. actriz 7. posible
8. Tomás 9. general 10. franceses 11. Inglaterra 12. matrícula 13. lápices 14. joven
15. sentimental 16. Pérez 17. Ramírez 18. pobre

GRAMMAR SECTION 6. EJERCICIO A. Yo soy de Barcelona. Miguel y David son de Valencia. Tú eres de Granada. Nosotros somos de Sevilla. Ustedes son de Toledo. *EJERCICIO B.* 1. Las mesas son de madera.
2. Mi hermano y yo somos de Argentina. 3. Tú eres extranjera. 4. El regalo es para Uds. 5. Yo
soy estudiante. 6. Vosotras sois amigas. *EJERCICIO C.* 1. ¿De dónde es Ud., Srta. Mistral? Soy de
Chile; soy poetisa. 2. ¿De dónde es Ud., Sr. Cervantes? Soy de España; soy autor. 3. ¿De dónde
es Ud., Sr. Orozco? Soy de México; soy artista. 4. ¿De dónde son Uds., Sres. Pizarro y Cortés?
Somos de España; somos conquistadores. 5. ¿De dónde es Ud., Srta. Fonda? Soy de los Estados Unidos;
soy actriz.

GRAMMAR SECTION 7. EJERCICIO A. 1. ¿De quién es el examen? Es de Anita. 2. ¿De quiénes son los
coches? Son de Luisa y Carlos. 3. ¿De quiénes son los tres hijos? Son de los señores López.
4. ¿De quién es el suspenso? Es de Jaime. 5. ¿De quién son los regalos? Son de la abuela.
EJERCICIO B. 1. ¿De quién es el dinero? Es de Ana. 2. ¿Y los exámenes? ¿Son de Ana también?
3. No, los exámenes son de Pepe. 4. ¿De dónde son los padres de Pepe? Son de Colombia.

GRAMMAR SECTION 8. EJERCICIO A. 1. del / de la 2. del 3. de / al (del) 4. del / al (del)
EJERCICIO B. 1. Nosotros regresamos al hotel. 2. ¿Quién es la nieta del señor? 3. El coche es de
la mujer. 4. Mañana regresan al hospital.

GRAMMAR SECTION 9. EJERCICIO A. 1-a, b, e, f; 2-b, c, e, f; 3-c, d, e; 4-c, d, e, f *EJERCICIO B.*
1. También es francés. 2. También es amable. 3. También son simpáticas. 4. También son trabajadores. 5. También es joven. 6. También son ingleses. *EJERCICIO C.* 1. alemana 2. alemán
3. americano (norteamericano) 4. inglesa 5. mexicana *EJERCICIO D.* 1. No, es soltero. 2. No,
son jóvenes. 3. No, son antipáticas. 4. No, es bajo. 5. No, son pequeñas. 6. No, es largo.
EJERCICIO E. 1. Los portugueses son valientes. 2. Es un amigo leal. 3. No hay otras ciudades
grandes. 4. Es una mujer amable. 5. Hay muchos edificios altos.

GRAMMAR SECTION 10. EJERCICIO A. 1. Son las doce y veinte. 2. Son las tres menos cuarto (quince).
3. Son las dos de la mañana. 4. Son las siete y media (treinta) de la noche. 5. Es la una y
cuarto (quince) de la mañana. 6. Son las dos menos veinticinco de la tarde. 7. Son las doce en
punto. *EJERCICIO B.* 1. Estudio francés a las diez de la mañana. 2. Regreso a casa a las cinco y
diez de la tarde. 3. No, tomo café a las siete de la mañana. 4. Es a las tres y media de la tarde.
5. No, es la una menos quince.

ADAPTACIÓN DEL DIÁLOGO. estudiante / buen / llega / presenta / familia / hermano / solteros / casada /
cinco / de / simpática

UN POCO DE TODO. EJERCICIO A. GIL: es / llegar / a / las *MAN.:* soy / tomo / llega / media *GIL:*
Desea *GIL:* compra *MAN.:* buena / paga *GIL:* dólares *MAN.:* muchas / pequeño *EJERCICIO B.* 1. No
hay muchos carros americanos aquí. 2. Necesito buscar cuatro poemas sencillos. 3. Paco desea hablar
con las otras estudiantes francesas. 4. Fuentes es un gran escritor mexicano. 5. Jorge busca una
esposa ideal. 6. Los tíos de María buscan una nueva casa grande. *EJERCICIO C.* 1. Beatriz es una
estudiante inteligente pero perezosa. 2. El Sr. González necesita unos libros peruanos. 3. Llegamos con muchos regalos bonitos. 4. ¿Los ingleses toman té todas las tardes? 5. La mujer francesa
es la esposa del Sr. Contreras.

CAPÍTULO 3

VOCABULARIO: PREPARACIÓN. EJERCICIO A. 1. sandalias 2. abrigo, un vestido, medias y un par de
zapatos 3. falda, blusa y una bolsa 4. par de botas y un impermeable 5. camiseta, unos pantalones cortos, zapatos y calcetines 6. traje *EJERCICIO B.* 1. verdes 2. verde, blanca y roja
3. roja, blanca y azul 4. anaranjada / amarillo 5. almacén / fijos 6. tiendas / regatear
7. cartera 8. venden de todo 9. gris 10. lleva

GRAMMAR SECTION 11. EJERCICIO A. 1. No se regatea aquí. 2. No se canta en la biblioteca. 3. Se
paga allí. 4. Se enseña bien aquí. 5. Se estudia mucho allí. *EJERCICIO B.* 1. En la tienda se
habla inglés. 2. En el mercado se compran suéteres. 3. No se necesitan calcetines blancos. 4. En
la universidad se estudia francés. 5. Se necesitan muchas cosas para la fiesta. *EJERCICIO C.* 1. se
estudia 2. se regatea 3. se toman bebidas 4. se compran libros 5. se paga en pesos

GRAMMAR SECTION 12. *EJERCICIO A*. 1. asistimos / asisten / asistes / asiste / asisten / asistís 2. leemos y escribimos / leo y escribo / leen y escriben / leen y escriben / lee y escribe / leéis y escribís *EJERCICIO B*. 1. Ellas no creen en Santa Claus. 2. ¿Por qué insisten Uds. en pagar? 3. ¿Escriben (Uds.) todos los ejercicios? 4. Nosotros vivimos y trabajamos en la capital. 5. No comprendemos los telegramas. 6. Ellos deben leer los periódicos, ¿no? *EJERCICIO C*. 1. ¿Vive ella en un apartamento? 2. Yo nunca recibo un regalo. 3. Ud. no debe insistir en comer allí. 4. Asiste a una clase en la noche, ¿no? 5. Abro el libro y leo. *EJERCICIO D*. 1. debes 2. Abren 3. venden 4. leen 5. insiste 6. bebemos 7. creo 8. aprendemos

GRAMMAR SECTION 13. *EJERCICIO A*. 1. tengo / quiero 2. tenemos 3. queremos / tenemos 4. quieres / Tienes 5. vienen 6. podemos 7. vienes 8. puedes 9. vienen / pueden *EJERCICIO B*. 1. Venimos en carro. 2. Vengo a comer mañana. 3. No, queremos comer ahora. 4. Quiero regresar a la una y media. 5. No, tengo una chaqueta corta. 6. Podemos llegar a las cinco.

GRAMMAR SECTION 14. *EJERCICIO A*. 1. Tengo hambre y sed. 2. Tengo que estudiar. 3. Él tiene frío. 4. Tengo sueño. 5. Tengo prisa. *EJERCICIO B*. *PEPE:* Tenemos que llegar al aeropuerto a las dos. Ya es la una menos cuarto (quince). *TOMÁS:* Pero yo tengo hambre. Tengo ganas de comer algo. *PEPE:* Pero tenemos prisa. Podemos comer en el aeropuerto. *TOMÁS:* Tienes razón.

GRAMMAR SECTION 15. *EJERCICIO A*. cuarenta y ocho / treinta y un / setenta y una / noventa / sesenta / cincuenta y siete *EJERCICIO B*. 1. Noventa y nueve y 00/100 2. Setenta y siete y 00/100 3. Cincuenta y ocho y 00/100 4. Cien y 00/100 5. Sesenta y tres y 00/100

ADAPTACIÓN DEL DIÁLOGO. *PARTE A*. hija / viene / es / tienen / hijos // asiste / la / exámenes / trabaja grande / vende / estudia / viven / grande / cuarto // necesita / regalos / miedo / inglés / hablan *PARTE B*. caros / cartera / blusa / suéter

UN POCO DE TODO. *EJERCICIO A*. 1. Quiere comprar un par de sandalias y una camisa. 2. Llega a las once y media (treinta). 3. Busca una camisa barata. Todas las camisas son caras. 4. Compra una camisa barata, de diez dólares. 5. No, no se venden sandalias buenas y baratas allí. 6. Tiene que ir a una tienda pequeña (una zapatería). 7. Regresa a casa alegre. *EJERCICIO B*. 1. Nosotros queremos comprar un abrigo pero tenemos sólo treinta y un dólares. 2. Si se quiere aprender, se tiene que asistir a clases. 3. Yo creo que el abuelo tiene noventa y un años. 4. Cuando el profesor tiene prisa, no comprendemos bien la lección. 5. Los niños insisten en recibir muchos regalos, ¿verdad? 6. Tú no tienes ganas de leer, ¿verdad?

DIVERSIÓN. *HORIZONTALES*. 1. internacionales 5. se 6. maletas 8. mamá 10. ropa 11. al 12. alto 14. caros 16. pares 17. ciento 18. sed 19. periódico *VERTICALES*. 1. idioma 2. elegante 3. negro 4. comprar 7. azul 9. almacén 13. tía 15. sueño

CAPÍTULO 4

VOCABULARIO: PREPARACIÓN. *EJERCICIO A*. 1. fin 2. Lunes 3. miércoles 4. Sábado y domingo 5. jueves 6. viernes 7. el / los *EJERCICIO B*. 1. cita 2. boda 3. novia 4. noviazgos / matrimonio 5. esposos 6. cariñosa 7. divorcio 8. amistad *EJERCICIO C*. 1. lejos del / cerca de 2. a la izquierda del / a la derecha / entre 3. detrás de / delante de 4. en 5. rubia / trigueña (morena)

GRAMMAR SECTION 16. *EJERCICIO A*. 1. damos / da / dan / das / doy 2. va / van / vas / vamos / voy 3. estoy / está / están / está *EJERCICIO B*. 1. Ellos van a buscar ... 2. Ignacio y Pepe van a venir ... 3. David y yo vamos a dar ... 4. Voy a estar ... 5. Marta y Elena van a ir ... 6. Voy a tener que terminar ... 7. Héctor y yo vamos a visitar ... *EJERCICIO C*. 1. Damos el programa (de baile) a las ocho. 2. Voy al cine el jueves. 3. Estoy bien, gracias. 4. Sí, vamos a estar en casa toda la noche. 5. No, no están de acuerdo. 6. Va a la iglesia. *EJERCICIO D*. 1. Vamos a estudiar el domingo. 2. Vamos a tomar una Coca Cola. 3. Vamos a comprar un regalo para él mañana. 4. Vamos a descansar ahora. 5. Vamos al Almacén Juárez.

GRAMMAR SECTION 17. *EJERCICIO A*. 1. buscando 2. comiendo 3. escribiendo 4. enseñando 5. leyendo 6. asistiendo 7. llevando 8. creyendo *EJERCICIO B*. 1. Yo estoy comiendo poco ahora. 2. Están regresando de la ciudad ahora. 3. ¿Estás leyendo o escribiendo los ejercicios? 4. Luisa está enseñando en una escuela. 5. Estamos estudiando francés también.

GRAMMAR SECTION 18. *EJERCICIO A*. 1. sus casas 2. nuestro coche 3. nuestros exámenes 4. su padre 5. sus recuerdos *EJERCICIO B*. 1. No, sus zapatos son caros. 2. Su hermana es alta y rubia. 3. Nuestra vida social es fenomenal. 4. Su nuevo apartamento es enorme. 5. Tus zapatos están en tu cuarto. 6. No, sus empleados son peruanos.

GRAMMAR SECTION 19. *EJERCICIO A*. 1. Sí, Ignacio estudia contigo. 2. Sí, podemos asistir sin Ud. 3. Sí, llevo los cuadernos conmigo. 4. Sí, el café es para ella. 5. Sí, son fáciles para ellos. 6. No, para mí son fáciles también. 7. Sí, estamos delante de ti. *EJERCICIO B*. 1. Entre tú (Ud.)

y yo, es una situación imposible. 2. El regalo es para ti. 3. Vienen conmigo. 4. No puedo vivir sin ti. 5. El periódico está detrás de mí, cerca de Ud.

GRAMMAR SECTION 20. EJERCICIO A. 1. Estas / ésa 2. Este / ésos 3. Estas / ésas 4. Esos / éste EJERCICIO B. Aquellos / aquél / aquellas / aquélla EJERCICIO C. 1. eso / ¿Esto? 2. Esto 3. aquello

ADAPTACIÓN DEL DIÁLOGO. PARTE A. quince / está / veintiún / novio / joven / sus PARTE B. están / asistir / boda / ganas / tontería // padrino / llevan / al / contento / buena PARTE C. abogado / da / trabaja // dos / pintora / está / su

UN POCO DE TODO. EJERCICIO A. PAQ.: estás SUS.: ti / éstos / tus PAQ.: esos / nuestro / el SUS.: vas PAQ.: voy / vamos / con nosotras SUS.: tu / esta / dan / queremos / prisa / esperando / delante PAQ.: Adiós. EJERCICIO B. 1. Yo voy a terminar estas cartas esta noche. 2. Juan está esperando delante del hotel. 3. Vamos a necesitar nuestras maletas. 4. Mis padres creen que mi novio y yo somos demasiado jóvenes. EJERCICIO C. 1. Los viernes, después de las (mis) clases, regreso a casa o voy a la biblioteca si tengo que estudiar. 2. Por la noche voy al cine con (mis) amigos o si podemos, todos vamos a una discoteca para bailar. 3. Los sábados trabajo en un almacén grande. 4. No es un trabajo difícil, pero a las seis de la tarde, estoy contento de regresar a casa. 5. Los domingos mis padres, mi hermana y yo leemos el periódico y miramos la televisión. 6. En la tarde vamos a (la) casa de mis tíos que viven cerca de nosotros. 7. Siempre estoy contento los fines de semana.

DIVERSIÓN. 1. bajo 2. roja 3. ropa 4. hora

CAPÍTULO 5

VOCABULARIO: PREPARACIÓN. EJERCICIO A. 1. Hace sol. 2. Hace frío. 3. Hace calor. 4. Hace fresco. 5. Hace viento. 6. Hay contaminación. EJERCICIO B. 1. el primero de abril 2. junio, julio y agosto 3. invierno 4. llueve 5. otoño 6. cuatro de julio 7. nieva / invierno / nevando 8. enero / mayo

GRAMMAR SECTION 21. 1. está(s) 2. son / están 3. soy / es 4. están 5. es 6. somos 7. está 8. es 9. eres 10. son 11. estamos 12. estás 13. es / estar 14. está / estoy / está 15. están 16. son 17. Es

GRAMMAR SECTION 22. EJERCICIO A. 1. ¿Adónde van Uds.? 2. ¿De dónde es Ud.? 3. ¿Dónde está Ud.? 4. ¿Adónde llevan Uds. los exámenes? 5. ¿Cómo es la Sra. Campos? 6. ¿Cuáles son tus sandalias? 7. ¿Qué buscas? 8. ¿Cuál es su casa? 9. ¿Cómo es Buenos Aires? 10. ¿Por qué no comes? 11. ¿Quiénes son ellas? 12. ¿De quién son estos vasos? 13. ¿Cuánto dinero necesitas? 14. ¿Cuándo vienen? 15. ¿Cuántas muchachas van? EJERCICIO B. 1. Cómo 2. Cuántos 3. Cuál 4. De dónde 5. Quiénes 6. Adónde 7. Cuáles 8. De quién

GRAMMAR SECTION 23. EJERCICIO A. 1. hacer 2. hacemos / hago 3. haciendo 4. pongo 5. ponemos 6. pones 7. salen 8. salimos 9. salgo EJERCICIO B. 1. hacer 2. salen 3. pongo / hago 4. hacemos / salimos 5. salgo / sale

GRAMMAR SECTION 24. EJERCICIO A. 1. quieren / queremos / quieres 2. volvemos / vuelve / vuelven 3. pide / piden / pedimos 4. durmiendo / pidiendo / sirviendo / jugando / volviendo EJERCICIO B. 1. No queremos ir. 2. Pensamos salir. 3. Preferimos cantar. 4. No dormimos bastante. 5. Almorzamos temprano. 6. Nunca cerramos las puertas. EJERCICIO C. 1. Juego todas las tardes. 2. ¿Sirve él ahora? 3. ¿A qué hora empieza Ud.? 4. ¿Puedo empezar a comer? 5. Pido una limonada. EJERCICIO D. 1. piensan 2. juego 3. almorzamos 4. llueve 5. durmiendo 6. pide (prefiere) / prefiero (pido) 7. sirviendo 8. volvemos 9. cierran 10. nieva 11. empiezan

GRAMMAR SECTION 25. EJERCICIO A. 1. Este curso es más (menos) difícil que el curso de francés. 2. Los hermanos de Diego son más (menos) simpáticos que él. 3. Esta silla es más (menos) alta que ésa. EJERCICIO B. 1. Este restaurante es tan caro como ése. 2. Esta camisa está tan sucia como ésa. 3. Esos edificios son tan viejos como éstos. EJERCICIO C. 1. No, el hotel es más grande que la biblioteca. 2. Sí, la casa es menos grande que el cine. 3. No, la casa no es más grande que el hotel. (No, la casa es más pequeña que el hotel.) 4. No, el cine es más alto que la casa. 5. No, la biblioteca es tan alta como el cine. EJERCICIO D. 1. las mejores películas 2. el peor hotel 3. la hermana mayor 4. los hijos menores EJERCICIO E. 1. mejor 2. mayor / menor 3. mejores 4. peor EJERCICIO F. 1. menos dinero que 2. tantos pesos como 3. más dinero que 4. menos pesos que 5. tanto dinero como EJERCICIO G. 1. Sí, pero no tiene tantos como Carlos. 2. Sí, pero no pone tantas como el Cine Central. 3. Sí, pero no hace tanto como aquí. 4. Sí, pero no tiene tanto como yo. EJERCICIO H. 1. Sergio tiene tanta sed como yo. 2. Sus hermanas son mayores que ella. 3. Esa película es mejor que ésta. 4. La primavera es tan bonita como el otoño. 5. Hay tantos estudiantes en esta clase como en aquélla.

ADAPTACIÓN DEL DIÁLOGO. PARTE A. carta / amigo / es / está / cerca / pequeño / aburrido / sirve /

hielo / sed / hace // un / cuántas / buen / hay / verano / volver / pone / ganas / patria // Panamá / esperar (tomar) / menos / llegar / domingo *PARTE B.* meses / diciembre / pide / demora / sale / hace / tiempo

UN POCO DE TODO. EJERCICIO A. 1. Empiezo a comprender mejor este ejercicio. 2. Si Ud. no vuelve temprano no puede salir conmigo. 3. La tienda está cerrada pero el cine está abierto. 4. ¿Prefiere(s) regresar ahora o quiere(s) jugar más? 5. ¿Almuerzo ahora o sólo pido un refresco? 6. Pienso ir al mejor restaurante de la ciudad. *EJERCICIO B.* 1. Pilar está ocupada y no puede ir al cine esta noche. 2. Estas calles están muy sucias. 3. Mis primos son peruanos; son de Lima pero ahora están en los Estados Unidos. 4. Pensamos volver a la playa este verano porque allí hace más fresco que aquí. 5. Cuando llueve, prefiero no salir de casa.

CAPÍTULO 6

VOCABULARIO: PREPARACIÓN. EJERCICIO A. 1. carne 2. queso 3. vino blanco 4. pollo 5. pagamos la cuenta 6. acabo de cenar 7. gazpacho / fría 8. recomienda 9. especialidad 10. postre 11. tinto

GRAMMAR SECTION 26. EJERCICIO A. 1. Cecilia no está hablando con nadie. 2. No quiero comer nada aquí. 3. Nunca cenan en casa. (No cenan en casa nunca.) / Jamás cenan en casa. (No cenan en casa jamás.) 4. Paco no quiere postre tampoco. 5. Ningún estudiante prefiere cenar aquí. *EJERCICIO B.* 1. Sí, quiero algo. / No, no quiero nada. 2. Sí, hay alguien en la calle. / No, no hay nadie en la calle. 3. Sí, siempre ceno tan tarde. / No, nunca (jamás) ceno tan tarde. 4. Sí, alguien viene. / No, nadie viene. 5. Sí, hay algunas cartas para ti. / No, no hay ninguna carta para ti. *EJERCICIO C.* 1. Yo, tampoco. (Yo no hablo francés tampoco.) 2. Yo, tampoco. 3. Yo, también. 4. Yo, tampoco. 5. Yo, también. *EJERCICIO D.* UD.: ¿Quieres pedir algunos entremeses? A.: No, ninguno. Nunca ceno mucho. Estoy a dieta. UD.: Yo, también. ¿Qué tal un buen gazpacho? A.: Buena idea. Y una ensalada, también. UD.: ¿Viene alguien? A.: Sí, aquí viene el camarero.

GRAMMAR SECTION 27. EJERCICIO A. 1. digo / dice / dicen / dices / decimos 2. oye / oyen / oigo / oímos 3. trae / traen / traigo / trae / traemos 4. Ven / vemos / veo / ves *EJERCICIO B.* 1. Traemos flan. 2. Veo un programa de música. 3. Sí, traigo cien pesos. 4. Decimos que sí. 5. Yo digo que sí, también. 6. Sí, oímos muy bien. 7. No, sólo oigo la música.

GRAMMAR SECTION 28. EJERCICIO A. 1 a, 2 Ø, 3 al, 4 a, 5 a, 6 A / A, 7 a *EJERCICIO B.* 1. Nosotros buscamos un teléfono. 2. Yo veo a alguien en la puerta. 3. Ellos escuchan al profesor Sánchez. 4. Juanito mira a su amigo. 5. ¿A quién llamas ahora? *EJERCICIO C.* 1. Estoy buscando (Busco) a Juan. 2. ¿Vas a recomendar a alguien? 3. No ven la casa. 4. Vamos a escuchar al profesor. 5. Siempre escuchamos el radio.

GRAMMAR SECTION 29. EJERCICIO A. 1. ¿Quién lo compra? 2. ¿Cómo la quieres? 3. José las sirve. 4. ¿Vas a celebrarlo? / ¿Lo vas a celebrar? 5. Estoy leyéndola. / La estoy leyendo. 6. ¿Por qué no los llamas? *EJERCICIO B.* 1. Juan lo tiene. 2. Los necesitamos para mañana. 3. Pablo acaba de llamarla. 4. Los niños están mirándola. 5. Pepe me lleva. 6. Pienso llamarlos mañana. *EJERCICIO C.* 1. Sí, yo te invito. 2. Sí, nosotros los necesitamos. 3. Sí, la llamamos a las ocho. 4. Sí, las llevo en mi coche. 5. Sí, Pepe nos lleva. 6. Sí, estoy preparándolo. / Sí, lo estoy preparando. 7. Sí, voy a invitarlas. / Sí, las voy a invitar.

GRAMMAR SECTION 30. EJERCICIO A. 1. ¿Sabes tú bailar el tango? 2. Nosotros no conocemos muy bien al dueño. 3. Yo conozco a Pablo pero no sé dónde vive. 4. Ella no conoce a su novia pero sabe que se llama Luisa. *EJERCICIO B.* 1. conocen 2. sé 3. Sabes 4. saber 5. conocemos / sabemos 6. conocer *EJERCICIO C.* 1. Conozco a los dueños. 2. Queremos conocerlos. 3. No sé quién es. 4. ¿Sabe cantar? 5. (Ellos) Conocen a sus padres. 6. ¿Sabes dónde trabaja? 7. ¿Saben hablar español?

ADAPTACIÓN DEL DIÁLOGO. PARTE A. acaba / la / oye / voz / trae / dice / vacaciones / cenar / conoce / haciendo / compromiso / noche / pasar / ella *PARTE B.* cena / aperitivo / ella (Ana María) / jerez / solomillo / parrilla / patatas y guisantes / lechuga y tomate / pide / vino tinto // a dieta / bailar

UN POCO DE TODO. EJERCICIO A. ANA: conoces / al PABLO: lo / conozco ANA: sé PABLO: nunca ANA: tampoco / El / trae / verlas *EJERCICIO B.* 1. Nosotros no vemos ningún libro de historia. 2. Yo acabo de conocer a los Gómez. Son muy simpáticos. 3. ¿Y la cuenta? ¿Cuándo la trae el camarero? 4. Oigo a alguien, pero no veo a nadie. 5. ¿Las bebidas? Estamos pidiéndolas ahora. *EJERCICIO C.* 1. Si yo no lo digo, ellos no lo dicen tampoco. 2. Si ellos no ven la película, yo no la veo tampoco. 3. Si José Luis no escucha el programa, nosotros no lo escuchamos tampoco. 4. Si tú no tomas sopa, yo no la tomo tampoco.

DIVERSIÓN. HORIZONTALES. 3. nada 5. conozco 9. sé 11. algún 13. traigo 15. siempre 16. No 17. la 18. algo 19. digo *VERTICALES.* 1. veo 2. voz 4. alguien 6. nadie 7. oyes 8. tampoco 9. sabes 10. él 12. nunca 14. oigo 17. lo

VOCABULARIO: PREPARACIÓN. 1. subir / boleto / equipaje 2. vuelo / atrasado / demora 3. asiento / fumar 4. bajar / escala 5. azafata / camarero 6. sala / pasajeros 7. hacer cola / guardar un puesto 8. hacer las maletas

GRAMMAR SECTION 31. *EJERCICIO A*. 1. ¿Cuándo nos compras los boletos? 2. ¿Qué restaurante puedes recomendarme? (... me puedes ...) 3. ¿Por qué no le escribes una carta? 4. Pienso darles un regalo. (Les pienso ...) 5. Yo les traigo el equipaje. 6. José está diciéndole la verdad. (... le está ...) *EJERCICIO B*. 1. Le llevo estas flores a Julia. 2. Te estoy preparando un pastel a ti. 3. Les guardo un asiento a Uds. 4. Les voy a dar un regalo a ellos. *EJERCICIO C*. 1. Yo les compro un periódico a Uds. después. 2. Mis hermanos van a guardarnos asientos a nosotros. 3. Tú debes preguntarle el precio al dueño. 4. Nosotros nunca les servimos cerveza a nuestras hijas. 5. ¿Por qué no le dices la verdad a tu novia?

GRAMMAR SECTION 32. *EJERCICIO A*. 1. te gusta 2. le gusta 3. nos gusta 4. le gustan 5. me gustan 6. nos gustan / le gustan / le gusta 7. les gusta *EJERCICIO B*. 1. A mi hermano le gusta volar de noche. 2. ¿A Uds. no les gusta fumar? 3. A nadie le gustan las clases de esa profesora. 4. A mis abuelos no les gustan las canciones modernas. 5. A nosotros nos gusta la comida mexicana. *EJERCICIO C*. 1. A mis padres les gusta mirar (ver) las noticias. 2. A mi hermano le gusta el fútbol. 3. A mi hermana menor le gustan los dibujos animados. 4. A mi hermana mayor le gustan las películas románticas. 5. Y a mí me gustan todos los programas.

GRAMMAR SECTION 33. *EJERCICIO A*. 1. fácilmente 2. inmediatamente 3. impacientemente 4. lógicamente 5. totalmente 6. directamente 7. aproximadamente 8. cómodamente *EJERCICIO B*. 1. tranquilamente 2. Finalmente 3. Posiblemente 4. aproximadamente 5. sinceramente 6. solamente

GRAMMAR SECTION 34. *EJERCICIO A*. 1. regrese 2. coman 3. salga 4. pidan 5. vuelvan 6. hagan 7. empiece 8. venga 9. estén 10. vaya *EJERCICIO B*. 1. No, no las traiga ahora, tráigalas después. 2. No, no la diga ahora, dígala después. 3. No, no la vea hoy, véala mañana. 4. No, no lo busque ahora, búsquelo después. 5. No, no la pague ahora, páguela después. 6. No, no lo sepa para hoy, sépalo para mañana. *EJERCICIO C*. 1. háganlas. 2. no la empiecen 3. sírvanla 4. pregúntenle 5. no vuelvan

GRAMMAR SECTION 35. *EJERCICIO A*. 1. 111 2. 476 3. 15.714 4. 700.500 5. 852.000 6. 1965 7. 1.000.013 *EJERCICIO B*. 1. cien personas 2. ciento un dólares 3. seiscientas setenta y ocho pesetas 4. en el año mil setecientos setenta y seis 5. doscientos ochenta y dos mil novecientos habitantes 6. un millón de pesos 7. nueve millones novecientas noventa y nueve mil quinientas cincuenta y una pesetas

ADAPTACIÓN DEL DIÁLOGO. *PARTE A*. mexicanas / hacer // les / turística / divertida / seria / tranquila / les / estar / siete / antes / desayuno *PARTE B*. atrasadas / facturarlas / le / puesto *PARTE C*. les / (la oficina de) emigración / seguir / doblar / directamente / sin // sección / fuman / cola / regresa

UN POCO DE TODO. *EJERCICIO A*. 1. Puede llevarlos fácilmente en la maleta. 2. Le traigo rápidamente una silla y le doy un refresco. 3. Les guardo un puesto en la cola para comprar boletos. 4. Me gusta servirles refrescos y posiblemente algo de comer. 5. Nos gusta llevarle flores o darle un regalo. *EJERCICIO B*. 1. No olviden los boletos. 2. Vayan al banco esta tarde. 3. Hagan las maletas esta noche. 4. No traigan demasiado equipaje. 5. Pongan gasolina en el coche. 6. Cierren bien todas las puertas y ventanas. 7. Vengan a buscarme a las siete y media y no lleguen atrasados. *EJERCICIO C*. 1. Me gusta viajar cómodamente. 2. A mi padre no le gusta volar. 3. ¿Te gustan esas tarjetas postales? 4. Déle los boletos y espérenos en la puerta. 5. No les hable tan rápidamente. 6. No sean tan impacientes. *EJERCICIO D*. Quiero tres pasajes para ir a Lima. / Tenemos que estar allí el viernes 22. / ¿A qué hora sale el vuelo del miércoles? / ¿Hay tres pasajes para ese vuelo? / En clase turística. (En primera clase.) / Muy bien. ¿Cuánto es? / ¿Cuánto es eso en dólares? / ¿A qué hora debemos estar en el aeropuerto? / Sí. ¿Puedo pagar con cheque?

DIVERSIÓN. 1. padre 2. madre 3. *red* 4. listo 5. sol 6. en (*Answer*: rápidamente)

CAPÍTULO 8

VOCABULARIO: PREPARACIÓN. *EJERCICIO A*. 1. La mujer está sacudiendo los muebles. 2. El chico está sacando la basura. 3. El hombre está lavando la ventana. 4. El hombre y la mujer están cocinando. 5. El niño está haciendo la cama. 6. La mujer está poniendo la mesa. *EJERCICIO B*. 1. vestirlo 2. me despierta 3. me divierte 4. baña 5. levantar 6. afeita 7. quitamos 8. acostar 9. nos sienta *EJERCICIO C*. 1. Usamos la estufa para cocinar. 2. Se prepara el café en la cafetera. 3. Lavamos y secamos la ropa. 4. El refrigerador sirve para refrigerar (guardar) la comida.

PRONUNCIACIÓN. 1. Tomás, ¿por qué no tomas más café? 2. ¿Las lecciones? Termínelas después. 3. Dígame el nombre del profesor de inglés. 4. ¿Los exámenes? Esta niña está tomándolos ahora. 5. Cánteme otra canción.

GRAMMAR SECTION 36. EJERCICIO A. 1. me / se 2. se 3. te 4. Se 5. nos / nos 6. te *EJERCICIO B.* 1. Acuéstese y levántese más temprano. 2. No se divierta tanto. 3. Lávese (más) el pelo. 4. Siéntese derecho. 5. Póngase zapatos. 6. Báñese más. 7. No se duerma en clase. *EJERCICIO C.* 1. me afeito / te afeita 2. lavarnos / lava 3. acuestas / te acuestas 4. vistiéndose / vestir 5. Siéntense / siente

GRAMMAR SECTION 37. 1. Esos amigos se quieren mucho. 2. Los hermanos deben ayudarse. 3. Cecilia y Eva se llaman por teléfono todos los días. 4. Gabriela y Jaime se conocen bien. 5. Nos mandamos regalos para Navidad. 6. Nos vemos sólo cada tres años.

GRAMMAR SECTION 38. EJERCICIO A. 1. hablé / habló / hablaron / hablaste / hablasteis 2. comieron / comimos / comió / comí / comiste / comisteis 3. vivió / vivieron / viviste / vivimos / vivisteis *EJERCICIO B.* 1. dimos 2. dieron 3. diste 4. dio 5. di 6. disteis 7. hizo 8. hicimos 9. hicieron 10. hice 11. hiciste 12. hicisteis 13. fuiste 14. fuimos 15. fueron 16. fue 17. fui 18. fuisteis 19. fue 20. fueron 21. fuimos 22. fui 23. fuiste 24. fuisteis *EJERCICIO C.* 1. estudió / fue 2. hicieron / asistieron / aprendieron 3. regresé / empezaron / viví 4. Pasamos / comimos / escribimos / trabajamos 5. gustó / levantó / fue / estudió / lavó / asistió *EJERCICIO D.* 1. Busqué 2. Pagué 3. Empecé 4. leyó / leyeron 5. creyó / creyeron

GRAMMAR SECTION 39. EJERCICIO A. 1. Mi mamá nunca me la lava. 2. ¿Nos lo van a servir Uds.? (¿Van a servírnoslo Uds.?) 3. ¿Quién se lo hace? 4. ¿Cuándo te lo venden? 5. Búsquemelo, por favor. 6. Dígasela. 7. No me los lave todavía. *EJERCICIO B.* 1. Sí, se lo doy ahora. 2. Sí, te los guardo. 3. Sí, Juan nos la recomienda. 4. (Sí, se lo estoy lavando.) Sí, estoy lavándoselo. 5. Sí, ella me los explica. 6. Sí, él me lo acaba de servir. (Sí, él acaba de servírmelo.) 7. Sí, se la llevo a ellos. *EJERCICIO C.* 1. No, no me la dé a mí. Désela a Francisco. 2. No, no nos la sirvan a nosotros. Sírvansela a ella. 3. No, no se los den a ella. Dénselos a mi esposa. 4. No, no se lo mande a ellas. Mándeselo a mis tíos.

GRAMMAR SECTION 40. EJERCICIO A. 1. que 2. de 3. en 4. que 5. a 6. Ø / a 7. de / Ø *EJERCICIO B.* 1. Si quieres aprender a hablar francés, yo te enseño. 2. Los estudiantes tienen que estudiar mucho. 3. Ellos esperan poder hablar bien después de un año. 4. Nosotros acabamos de vender nuestra casa. 5. Ellos insisten en empezar a comer ahora. *EJERCICIO C.* 1. ¿A qué hora piensa(s) salir? 2. Vamos a salir a las siete. 3. Me está enseñando a tocar el piano. 4. Hay que insistir en hablar sólo español.

ADAPTACIÓN DEL DIÁLOGO. aparecieron / internacionales / Beba / refrescante / partes // Salud Pública / latinoamericano / campaña / mosca / cuente // viaja / impresión / afeita / lavan / norteamericanos // mundo / propósito / mismas / personas / dicen / Dígaselo

UN POCO DE TODO. EJERCICIO A. 1. A mí me gusta levantarme tarde en (el) verano. 2. Él se pone el abrigo cuando sale. 3. Ella tiene que quitarse el sombrero en clase. 4. Por favor, no se acueste tan tarde. 5. El niño debe lavarse los dientes antes de acostarse. 6. A nosotros nos gusta divertirnos mucho en la playa. *EJERCICIO B.* 1. Se llamaron por teléfono. 2. Se conocieron en Madrid. 3. Nos buscamos en el teatro. 4. Se vieron antes de comer. 5. Se miraron durante toda la clase. *EJERCICIO C.* 1. Ya se las dieron. 2. Ya se la mandamos. 3. Ya te los lavé. 4. Ya me lo dio. 5. Ya se los pagué.

CAPÍTULO 9

VOCABULARIO: PREPARACIÓN. EJERCICIO A. 1. director (jefe) / aumento 2. despedir 3. quitó 4. cambiar 5. jefa (directora) *EJERCICIO B.* 1. hombre de negocios 2. obrero 3. plomero 4. comerciante 5. enfermero/a 6. abogado/a 7. siquiatra

GRAMMAR SECTION 41. EJERCICIO A. 1. cambie / olvide / juegue / empiece 2. aprendas / creas / insistas / permitas 3. sepa / traiga / oiga / vea 4. podamos / paguemos / nos sentemos / empecemos 5. estén / se diviertan / se mueran / despidan 6. nos divirtamos / durmamos / sigamos *EJERCICIO B.* 1. reciba 2. ganes 3. tengamos 4. ponga 5. vengan 6. dé 7. seas 8. haya 9. vayan

GRAMMAR SECTION 42. EJERCICIO A. 1. digan la verdad / lleguen a tiempo / acepten responsabilidades / sepan escribir a máquina / no fumen en el trabajo 2. resulte interesante / me pague bien / no esté lejos de casa / me dé oportunidad para avanzar *EJERCICIO B.* 1. vaya / fue 2. estudié / estudie 3. lleve / llevarlos 4. pida / pedí 5. hacer / haga *EJERCICIO C.* 1. se acuesten tan tarde 2. vengan a verme en agosto 3. nos dé el examen otro día 4. trate de terminar su tarea primero 5. hagan su trabajo primero y que jueguen después 6. llegue más temprano 7. me traiga una cerveza 8. nos divirtamos y que no volvamos tarde

GRAMMAR SECTION 43. *EJERCICIO A.* 1. Sí, manejemos. 2. Sí, doblemos aquí. 3. Sí, volvamos. 4. Sí, subamos. 5. Sí, sentémonos. 6. Sí, vistámonos temprano. 7. Sí, vámonos. 8. Sí, pongámonos de acuerdo. *EJERCICIO B.* 1. Sí, invitémosla. 2. Sí, pidámoslo. 3. Sí, comprémoselo 4. No, no la empecemos. 5. No, no se las llevemos. 6. No, no se lo sirvamos. 7. No, no se la hagamos.

GRAMMAR SECTION 44. *EJERCICIO A.* luna de miel / hotel de primera clase / museo de arte / anillo de oro / programa de música / plato de porcelana / vaso de cristal / fin de semana *EJERCICIO B.* 1. una casa de adobe 2. un sándwich de jamón 3. sus horas de oficina 4. nuestra clase de historia 5. mi libro de español 6. su cadena de plata

ADAPTACIÓN DEL DIÁLOGO. *PARTE A.* último / cadena / mayor / dueño // contento / agradecido / puesto / libre / siga / tiempo / sepa / cooperación *PARTE B.* dé / consejos / derecho / carrera / capitales / centralizar / económica y eficiente / sea // agradecido / brindan

UN POCO DE TODO. *EJERCICIO A.* 1. El director prefiere que no hablen por teléfono con sus amigos durante las horas de oficina. 2. El dueño espera que su negocio funcione eficientemente. 3. Ojalá que los empleados no lleguen tarde todos los días. 4. El médico pide que la enfermera vaya a ver al nuevo paciente. 5. El capitán manda que los policías salgan inmediatamente. 6. La actriz (le) pide al barman que (les) sirva un vaso de vino a sus amigos. *EJERCICIO B.* 1. Ojalá que no me cueste demasiado. 2. Ojalá que pueda defenderme. 3. Ojalá que ahora funcione bien. 4. Espero que pueda ayudarme a resolver mis problemas. 5. Ojalá que el vino llegue a tiempo para la cena. *EJERCICIO C.* 1. ponga 2. fumen 3. hagas 4. pague 5. compren 6. tomen 7. lleguen 8. veas 9. vayan

DIVERSIÓN. 1. pida 2. toque 3. den 4. estén 5. sepa / pase 6. vean 7. deba 8. quite 9. vea 10. sea

CAPÍTULO 10

VOCABULARIO: PREPARACIÓN. *EJERCICIO A.* 1. manejar / frenos / funcionan / parar 2. doblar / seguir / estación 3. llanta 4. arreglar 5. gasta 6. estacionar 7. licencia 8. arranca 9. tanque / llenarlo 10. aceite *EJERCICIO B.* sabe / compre / sea / pago inicial / a plazos / agencias / ganga / firmar / vendedor / carretera / funciona

GRAMMAR SECTION 45. *EJERCICIO A.* 1. Nos alegramos mucho (de) que Ud. pueda arreglar el motor. 2. No me gusta que manejes muy rápidamente. 3. Le sorprende a Felipe que su coche gaste tanta gasolina. 4. Roberto tiene miedo (de) que su coche no arranque. *EJERCICIO B.* (*Possible answers*) 1. Me alegro (de) que no tengamos examen mañana. 2. Tengo miedo (de) que los frenos no funcionen bien. 3. Me sorprende que no haya nadie en casa. 4. Espero que sepas cambiar la llanta. 5. Me gusta que no manejes después de beber. 6. Temo que el pago inicial sea muy alto. 7. Siento que no conozcas a mi familia. *EJERCICIO C.* 1. Sentimos que su esposa esté enferma. 2. Raúl tiene miedo (de) que no haya bastante gasolina. 3. Esperamos volver temprano hoy. 4. Temo que el coche tenga una llanta desinflada. 5. Nos sorprende no encontrar otra agencia. 6. Espero que encuentres una ganga. 7. No me gusta que digas tonterías. *EJERCICIO D.* 1. Siento llegar tan tarde. 2. Sienten que tenga(s) que esperar. 3. Les gusta divertirse. 4. No les gusta que te estaciones aquí.

GRAMMAR SECTION 46. *EJERCICIO A.* (*Possible answers*) 1. Creo que puedes pagar a plazos. 2. Dudan que sepa manejar bien. 3. No dudan que podemos estacionarnos aquí. 4. Niegan que sea verdad. 5. Estoy seguro/a que Rafael vive en esta esquina. 6. No niego que existe Dios. *EJERCICIO B.* 1. Creo que seguimos todo derecho. 2. Dudo que le cueste mucho arreglar su motor. 3. Estamos seguros que Ernesto lo niega todo. 4. No creo que haga frío mañana. 5. No niego que se llevan bien, pero dudo que quieran casarse. 6. ¿Cree Ud. que el vuelo llegue a tiempo? ¿Cree Ud. que el vuelo llega a tiempo? *EJERCICIO C.* 1. Dudo que lo nieguen. 2. Creo que ella acaba de llegar. 3. No niego que somos amigos, pero sí niego que lo vea todos los días.

GRAMMAR SECTION 47. *EJERCICIO A.* 1. Es extraño que nadie conteste el teléfono. 2. Es lástima que tu novio esté enfermo. 3. Es preciso que Uds. se acuesten más temprano. 4. Es urgente que llames a tu mamá. 5. Es probable que sirvamos la cena a las siete. *EJERCICIO B.* (*Possible answers*) 1. Es posible que mi coche no ande muy bien. 2. Es terrible que las reparaciones cuesten tanto. 3. No es verdad que Enrique vaya al cine todas las noches. 4. Es importante que exploremos el espacio. 5. Es cierto que se venden muchos coches japoneses aquí. 6. No es cierto que cambie el aceite cada 10.000 millas. 7. Es ridículo que los hombres tengan que afeitarse todos los días. 8. Es necesario que sepamos pronunciar bien el español.

GRAMMAR SECTION 48. 1. Tal vez sean las siete y media. 2. Quizás el coche no arranque. 3. No pueden cambiar la llanta quizás. 4. El policía va a ponerte una multa tal vez. 5. Quizás lleguen más tarde.

ADAPTACIÓN DEL DIÁLOGO. *PARTE A.* recién casado / agencia / cambien / maneje / clientes *PARTE B.*

buscan / vean / ganga / puedan / pago inicial / plazos / ver _PARTE C._ llenar / revise / esté / calculó / llegue / carretera / les / es / ciudad

UN POCO DE TODO. EJERCICIO A. 1. los arregle 2. se lo dé 3. se despierte 4. ir 5. vayan 6. lo busquen 7. jueguen _EJERCICIO B._ ROSA: ¿Qué van a hacer tú y Pepe durante las vacaciones? LUZ: Es probable que no vayamos a ninguna parte. Los dos tenemos que trabajar. Y Uds., ¿qué piensan hacer? ROSA: Pensamos ir a esquiar en la sierra. LUZ: ¿Cómo van a ir, en coche o en avión? ROSA: Probablemente vamos en coche. Para cinco es más barato. LUZ: ¿Qué tal está la nieve? ROSA: Dicen que está magnífica este año. LUZ: ¿No tienes miedo de manejar en la nieve? ROSA: Dudo que haya nieve en las carreteras. Las limpian todo el tiempo. LUZ: Bueno, espero que se diviertan y que vuelvan en buenas condiciones. _EJERCICIO C. (Possible answers)_ 1. Temo que este coche cueste demasiado. Me alegro que este coche sea tan cómodo. Estoy seguro que gasta mucha gasolina. 2. Es importante que este coche acelere en las carreteras. Dudo que este coche tenga aire acondicionado. Es verdad que es muy económico.

REPASO DE VERBOS: hablar: yo: hablo / hablé / hable / hable Ud. Uds.: hablan / hablaron / hablen / hablen Uds. comer: yo: como / comí / coma / coma Ud. Uds.: comen / comieron / coman / coman Uds. vivir: yo: vivo / viví / viva / viva Ud. Uds.: viven / vivieron / vivan / vivan Uds. dar: yo: doy / di / dé / dé Ud. Uds.: dan / dieron / den / den Uds. decir: yo: digo / diga / diga Ud. Uds.: dicen / digan / digan Uds. estar: yo: estoy / esté / esté Ud. Uds.: están / estén / estén Uds. hacer: yo: hago / hice / haga / haga Ud. Uds.: hacen / hicieron / hagan / hagan Uds. ir: yo: voy / fui / vaya / vaya Ud. Uds.: van / fueron / vayan / vayan Uds. oir: yo: oigo / oiga / oiga Ud. Uds.: oyen / oigan / oigan Uds. poder: yo: puedo / pueda / pueda Ud. Uds.: pueden / puedan / puedan Uds. poner: yo: pongo / ponga / ponga Ud. Uds.: ponen / pongan / pongan Uds. querer: yo: quiero / quiera / quiera Ud. Uds.: quieren / quieran / quieran Uds. saber: yo: sé / sepa / sepa Ud. Uds.: saben / sepan / sepan Uds. ser: yo: soy / fui / sea / sea Ud. Uds.: son / fueron / sean / sean Uds. tener: yo: tengo / tenga / tenga Ud. Uds.: tienen / tengan / tengan Uds. traer: yo: traigo / traiga / traiga Ud. Uds.: traen / traigan / traigan Uds. venir: yo: vengo / venga / venga Ud. Uds.: vienen / vengan / vengan Uds. ver: yo: veo / vi / vea / vea Ud. Uds.: ven / vieron / vean / vean Uds.

DIVERSIÓN. 1. el parachoques 2. el limpiabotas 3. el parabrisas 4. el limpiadientes 5. el paracaídas 6. el limpiamanos 7. el parasol

CAPÍTULO 11

VOCABULARIO: PREPARACIÓN. EJERCICIO A. 1. nombre / apellido 2. nacieron / ciudadanos 3. solicitud / llénela 4. aspirantes / caiga bien 5. dejó (renunció) / graduarse / dirección 6. escribir a máquina 7. colegio 8. renunciar (dejar) _EJERCICIO B._ 1. quinto / octavo 2. tercera 3. séptimo 4. cuarto 5. primer 6. primera 7. décimo 8. novena

GRAMMAR SECTION 49. EJERCICIO A. 1. escuches / escúchalo 2. corras / corre 3. pidas / pide 4. Ten / tengas 5. Siéntate / te sientes 6. Haz / hagas 7. seas / sé 8. te pongas / ponte 9. salgas / sal 10. digas / di _EJERCICIO B._ 1. Juega afuera. 2. Llámala por teléfono. 3. Siéntate allí. 4. Ven a buscarme. 5. Sigue por esa calle. 6. Vende tu coche. 7. Vístete ahora. 8. Toca el piano. _EJERCICIO C._ 1. Pablo, no me despiertes a las seis todos los días. 2. Teresa, cierra la puerta cuando sales. 3. Inés, no te pongas mi ropa nueva. 4. Miguel, levántate temprano y haz tu propio almuerzo. 5. Marta, sé generosa y gasta tu propio dinero. 6. Ricardo, déjame hablar. 7. Carlos, no seas impaciente y espérame. _EJERCICIO D._ 1. Sí, lávalo. No, no lo laves. 2. Sí, tráelo. No, no lo traigas. 3. Sí, llénala. No, no la llenes. 4. Sí, contéstalo. No, no lo contestes. 5. Sí, pídesela. No, no se la pidas. 6. Sí, dísela. No, no se la digas.

GRAMMAR SECTION 50. EJERCICIO A. 1. Pedro es el vendedor más competente del almacén. 2. Rita es la estudiante más inteligente de la clase. 3. Es el aspirante más preparado de todos. 4. Fue la entrevista más difícil del día. 5. Es el peor puesto de la oficina. 6. Son las mejores clases de la universidad. _EJERCICIO B._ 1. Sí, es divertidísimo. 2. Sí, son famosísimos. 3. Sí, estoy cansadísima. 4. Sí, es interesantísimo. 5. Sí, son pobrísimos. 6. Sí, es larguísima. 7. Sí, está atrasadísimo. 8. Sí, está riquísimo.

GRAMMAR SECTION 51. EJERCICIO A. 1. Fuimos a Sevilla por la Feria. 2. Viajamos por avión. 3. No, pagamos trescientos dólares por los dos billetes. 4. El autobús pasó por nosotros a las cuatro. 5. Llegamos a Sevilla por la noche. 6. Fuimos por una semana. _EJERCICIO B._ 1. ¡Por Dios! / por 2. por primera 3. por eso 4. por si acaso 5. por 6. por 7. por _EJERCICIO C._ 1. Sí, lo encontré por fin. 2. Por lo general salgo a las dos. 3. Necesito por lo menos veinte. 4. Por ejemplo, ¿cuál es tu favorita? 5. Por eso estás tan triste.

GRAMMAR SECTION 52. EJERCICIO A. 1. la pequeña 2. las amarillas 3. la clásica 4. los japoneses 5. la rubia. _EJERCICIO B._ 1. No, llené la corta. 2. No, prefiero las radiales. 3. No, estoy en el primero. 4. No, compré el barato. 5. No, vimos la segunda. 6. No, escribimos los difíciles primero.

ADAPTACIÓN DEL DIÁLOGO. *PARTE A*. unos / cortar / haga / vaya *PARTE B.* empleado / solicitud / amarilla / la / a máquina / apellidos / don / nació / Hizo / primaria / de / pasó / se graduó // dejó / cae / vuelva *PARTE C.* director / despidieron / por / padrino / bautiza

UN POCO DE TODO. *EJERCICIO A.* 1. Pablo, ve a tu cuarto y ponte tu mejor camisa. 2. Mario, no llenes esa solicitud con lápiz; hazlo con bolígrafo. 3. Carmen, ve a la tienda y compra otro botella de leche, por si acaso. 4. Isabel y yo vamos a pasar por ti a las ocho. Espero que estés listo esta vez. 5. Cecilia tiene dos hermanos menores; ella es mayor que sus hermanos. 6. Pablito está en el tercer grado y es el más inteligente de su clase. *EJERCICIO B.* 1. No, no la despiertes. Está cansadísima. 2. Sí, invítalos. Son simpatiquísimos. 3. No, no vayas por allí. Es peligrosísimo. 4. Sí, termínalas. Son facilísimas. 5. Sí, tócalo. Es buenísimo. 6. Sí, tráemelo. Está riquísimo. *EJERCICIO C.* 1. Si no puede venir, dile que me llame, por lo menos. 2. Por lo general, Inés les cae bien a todos. 3. Llámame por la tarde, pero, por favor, no llames antes de las tres. 4. Por si acaso, no le digas a nadie que pienso dejar mi puesto. 5. ¡Por Dios! No lo hagas por mí; hazlo por ti mismo.

CAPÍTULO 12

VOCABULARIO: PREPARACIÓN. *EJERCICIO A.* 1. nerviosa 2. se portan 3. se ríen 4. llegue a ser 5. recuerdo 6. lloran 7. se pone 8. falta 9. Hacerse 10. te enojes 11. sentirte 12. sonriendo *EJERCICIO B.* bebé / nació / varón / pesa / bautizar / regalar / Felicidades / hijo

PRONUNCIACIÓN. cruel feo adiós historia ríe radio país Dios ceremonia viaje oímos leíste energía seis veintiún caímos leyó europeo

GRAMMAR SECTION 53. *EJERCICIO A.* 1. dijo / estuvo 2. estuvieron / dijeron 3. estuviste / dijiste 4. puso / trajimos 5. pusieron / trajiste 6. trajeron / pusieron 7. vinieron / tuvimos 8. ¿Tuvo / vino 9. vinieron / tuvieron *EJERCICIO B.* 1. Trajeron ... pudieron ... 2. ... vino ... estuve ... 3. ... supe ... hubo ... 4. ... pusiste ... viniste ... 5. ... pudo ... estuvo ... *EJERCICIO C.* 1. saben / supieron / dije 2. vino / pudo 3. conocimos / sabemos 4. pudo / quiso *EJERCICIO D.* 1. Me trajo un periódico pero no pude leerlo. No tuve tiempo. 2. Hoy quiere vender el carro, pero ayer no quiso hacerlo. 3. ¿Conoces a Patricia Real? La conocí cuando estuvo en Reno. 4. Sí, yo sé que están aquí, pero no lo supe hasta esta mañana.

GRAMMAR SECTION 54. *EJERCICIO A.* sopita mosquita mujercita perrita Paquito madrecita angelito hombrecito callecita grupito placita varoncito escuelita Sarita cancioncita animalito chiquita pantaloncito *EJERCICIO B.* 1. Carmencita 2. cafecito 3. abuelitos 4. amiguitos 5. jovencitas 6. perrito 7. Lupita

GRAMMAR SECTION 55. *EJERCICIO A.* 1. Lo necesita para el jueves. 2. Lo compraron para dárselo a María Rosa. 3. Fueron para esquiar. 4. Estudio para sicólogo. 5. No, es para ti. 6. Lo usan para los viajes largos. 7. No, trabajo para una compañía de teléfonos. 8. Sí, es muy lista para su edad. 9. Anoche salieron para Barcelona. 10. No, para mí es muy fácil. *EJERCICIO B.* 1. por / por 2. por / para 3. para / por / para 4. para 5. por / para 6. para / para

ADAPTACIÓN DEL DIÁLOGO. *PARTE A.* íntimo / hermana / a luz / contentísima / nacimiento / pesó / kilos / El / por / bautizarlo / vaya (asista) *PARTE B.* pudo / magnífico / gordito / portó / lloró / pusieron / por / nació / ciudadano / que / elegantísimo / botitas / oro *PARTE C.* al / por / nieto / faltó / sidra / asturiano / puso

UN POCO DE TODO. *EJERCICIO A.* CON.: tuvo LOR.: es (fue) CON.: niñita / pusieron / dio / vuelva / nietecita LOR.: dio CON.: por / Estuvo / Hubo / está / pusieron / supieron / varoncito LOR.: llegue / tan *EJERCICIO B.* 1. La llamé para invitarla al cine. 2. Sí, para un niñito de su edad, pero no quiso tomar su leche. 3. Es un regalito para ti, por tu cumpleaños. 4. Puse la ropita en su cuarto y le di la medallita a su mamá. 5. Pagué cien dólares por la guitarra y cuarenta dólares por el radio. 6. No, yo vine por él. Arturo se puso enfermo. 7. No, estuve con ella sólo media hora; no pudimos hablar mucho. *EJERCICIO C.* ANA: ¿Por qué no viniste a la fiesta anoche? EVA: Quise venir pero no pude. Tuve que trabajar por una de las chicas que se puso enferma. ANA: ¡Qué lástima! Te extrañamos. EVA: Y, ¿qué tal estuvo? ANA: Estuvo fenomenal. Espero que no tengas que trabajar el dos de mayo. EVA: ¿Por qué? ¿Qué pasa? ANA: No olvides que es el cumpleaños de José Luis. Acabo de hablar con su hermana. Va a invitar a sesenta personas. EVA: ¡Por Dios! Voy a tratar de no perder esa fiesta, por lo menos.

CAPÍTULO 13

VOCABULARIO: PREPARACIÓN. *EJERCICIO A.* 1. duele / aspirinas 2. llave 3. me acuerdo (me acordé)

4. Se hizo daño. 5. pegó 6. ¡Qué mala suerte 7. cambia de lugar 8. Despídete *EJERCICIO B*.
1. despertador / apagué / dejé / distraído 2. rompí / olvidé / sin querer 3. se equivocó / perdió
EJERCICIO C. 1. las manos 2. la cabeza 3. los pies y las piernas 4. los brazos y las manos
5. el cuerpo

GRAMMAR SECTION 56. *EJERCICIO A*. 1. me senté / me dormí 2. se sentaron 3. se durmió 4. siguió
5. me sentí 6. nos reímos / se rió 7. sintieron *EJERCICIO B*. 1. ¡Cómo se divirtieron! Se
rieron ... 2. Se sentaron ... sirvió ... 3. Prefirieron ... 4. Sonrió ... dijo ... 5. ... se
acordó ... perdió ... 6. ... murieron ... *EJERCICIO C*. 1. Preferimos irnos. 2. Sí, me divertí
mucho. 3. No, se durmieron tarde. 4. Nos despedimos a las doce. 5. Sí, me desperté y me vestí
temprano.

GRAMMAR SECTION 57. *EJERCICIO A*. 1. Se nos acabó la leche. 2. Al camarero se le rompieron varios
vasos y platos. 3. Se me cayeron los libros al suelo. 4. A mi novio se le olvidó de traer dinero
para la cena. 5. Se me quedó la bolsa dentro del coche. *EJERCICIO B*. 1. Al pasajero se le olvidaron
las maletas en la estación. 2. A la camarera se le cayó un vaso de vino. 3. A la mujer se le aca-
baron los cigarrillos. 4. Al hombre se le rompieron los lentes. *EJERCICIO C*. 1. Se le acabó el
dinero. 2. Se le perdieron los boletos. 3. Se les rompió la vieja. 4. Se nos quedaron las llaves
adentro. 5. Se nos olvidó.

GRAMMAR SECTION 58. *EJERCICIO A*. 1. fumaba 2. celebrábamos 3. descansaba / cocinaba / eran
4. vivías / tenías 5. quería / querían 6. estabas / pesabas 7. Iban / eras 8. lloraba / podía
9. éramos / acostábamos / eran *EJERCICIO B*. 1. éramos / veíamos / venían / íbamos 2. estábamos /
daban / saludaban / despedían 3. almorzaba / Servían / veían / llevaban / traían / comía *EJERCICIO
C*. 1. me despertaba tarde. 2. te acordabas de todo. 3. costaba poco (menos). 4. servían cena
también. 5. me dolía mucho. 6. dormía muy mal.

ADAPTACIÓN DEL DIÁLOGO. torpe / ama de casa / torpe / olvidó / despertador / despertó / tuvo /
bañarse / había / al // pudo / a tiempo / paró / multa / rápido / llegó / prisa / dejó / se dio /
cambiarlo / llaves / romper // sentía / dolía / tomó / durmió // equivocó / eran // tenía / equivocó /
puso / se le cayó / puso / iba / "viejo" // despidió

UN POCO DE TODO. *EJERCICIO A*. RIC.: a / parecía / pasó PAT.: le perdió / tenía RIC.: descubrió
(descubrieron) PAT.: dormía / despertó / vistió / salió / encontró RIC.: pudo PAT.: le olvidó /
durmió / sentía RIC.: pierda PAT.: vaya *EJERCICIO B*. 1. Tenía (dieciocho) años cuando me gradué.
2. Mis padres vivían en (Chicago) cuando nací. 3. Eran las (once) cuando me acosté. 4. Se me
olvidaron las llaves. 5. Sí, se le rompió una pierna. 6. Sí, se nos perdió el equipaje. 7. Volvieron porque se les quedaron los boletos en casa. 8. No, no me despedí de nadie (cuando salí).

CAPÍTULO 14

VOCABULARIO: PREPARACIÓN. *EJERCICIO A*. 1. la boca 2. los ojos 3. los pulmones 4. el corazón
EJERCICIO B. 1. a. El paciente está en el consultorio del doctor. b. Habla con la enfermera.
c. Le duele el estómago. 2. a. La paciente tose (está tosiendo). b. El médico le ausculta los
pulmones. 3. a. Está practicando deportes. b. No, es probable que lleve una vida sana. *EJERCICIO
C*. 1. Tengo fiebre. 2. El médico nos dice que abramos la boca y que saquemos la lengua. 3. Debemos
comer bien, cuidarnos, dormir lo suficiente y hacer ejercicio. 4. Cuando tenemos un resfriado, estamos congestionados, tenemos fiebre y tenemos tos. 5. El doctor receta un jarabe. 6. Es posible que
tenga apendicitis.

PRONUNCIACIÓN. 1. atender 2. comunismo 3. teórico 4. aparente 5. seudónimo 6. corresponder
7. megáfono 8. innovar 9. sugestión 10. clasificar 11. monarca 12. anotación 13. diferente
14. ocasión 15. química 16. aliteración 17. catedral 18. sección 19. adicional 20. crea-
ción 21. misionero 22. acción

GRAMMAR SECTION 59. *EJERCICIO A*. 1. murió / tenía 2. sentía / dijo / tenía 3. consultaba /
podíamos 4. decía / era / daba 5. tuvo / estuvo 6. tenía / podía 7. preparábamos / sonó
8. salí / eran *EJERCICIO B*. conocieron / estaba / dijeron / iban / se alegró / invitó / aceptaron /
quedaron / prometió / iba // volvieron / llevaron / se despidieron / prometieron *EJERCICIO C*.
1. Fueron a las sierras centrales de California. 2. El Sr. Dupont era un turista del sur de Francia
que estaba visitando los Estados Unidos. 3. Se conocieron durante una excursión para esquiar.
4. Los Burke le dijeron que iban a hacer un viaje a Francia en mayo. 5. Pasaron una semana esquiando.
6. Se alegró mucho y los invitó a visitarlo en su casa. 7. Lo llevaron al aeropuerto en Los Ángeles.
8. Se prometieron verse pronto en Europa. *EJERCICIO D*. 1. De niños casi nunca nos enfermábamos.
2. Yo tenía trece años cuando salimos de(l) Perú. 3. ¿Qué hora era cuando llamó? 4. ¿Adónde iban
Uds. cuando los vi? 5. Queríamos ir pero no pudimos. 6. Yo lo supe cuando miraba televisión.
7. Conocíamos a la familia, pero no conocimos a su hijo hasta la semana pasada.

GRAMMAR SECTION 60. *EJERCICIO A*. 1. los / los 2. La / la 3. La 4. el 5. el 6. los 7. la /

la 8. Ø / el 9. el / la / la / el 10. el / la / el 11. Los / el 12. Ø / Ø 13. las *EJERCICIO B.*
1. No, me duelen los ojos. 2. Sí, se me olvidaron las botas. 3. Generalmente no asistimos a clases los sábados y los domingos. 4. Es el Sr. Cepeda. 5. Buenos Aires está en (la) Argentina. 6. Se habla portugués en el Brasil.

GRAMMAR SECTION 61. *EJERCICIO A.* 1. ... lo mismo. 2. Lo más difícil ... 3. Lo más divertido ... lo primero. 4. Lo peor ... 5. Lo más extraño ... 6. Lo mejor del viaje ... *EJERCICIO B.* 1. lo mejor 2. lo peor 3. lo más divertido 4. lo bueno 5. lo más extraño 6. lo más importante

ADAPTACIÓN DEL DIÁLOGO. *PARTE A.* la / se siente (está) / estuvo / corrió / jugó / fue / comió / bebió / le / el / tosía / peor / lo / literatura / nada / pudo // diga / temperatura / la *PARTE B.* consultorio / la / saque / la / inflamada / los / fuma / corazón // tome / aspirinas / tenga / deje / deje

UN POCO DE TODO. *EJERCICIO A.* LOR.: fue / el AL.: tuve / estuve AL.: me levanté / sentía / quería / se puso / dolía el / dormí / empecé LOR.: llamaste / los AL.: conocía / llamé a / llamó / llevaron LOR.: lo AL.: estaba / lo / el / hablaba / el *EJERCICIO B.* enfermaba / cuidaba / comía / hacía / dormía / llevaba // sentía / dolían / dolía / quise / pude / fue / Miré / vi / eran / Llamé / venía / dije / iba / Tomé / acosté

DIVERSIÓN. alto / jota / roja / bajo

DIVERSIÓN. *HORIZONTALES.* 1. veía 4. tenía 7. íbamos 10. había 11. ponía 12. decía 13. pagaba 14. pedíamos *VERTICALES.* 2. eran 3. servían 5. estaban 6. almorzaba 8. sabía 9. podía 10. hacían

CAPÍTULO 15

VOCABULARIO: PREPARACIÓN. *EJERCICIO A.* 1. alquiler 2. al contado / cobro 3. aumenta / mudarnos 4. corriente / facturas 5. se quejan / dejar de 6. gastamos / ahorrar 7. presupuesto *EJERCICIO B.* 1-e, 2-d, 3-a, 4-b, 5-c

PRONUNCIACIÓN. 1. ¡Hola! ¿Cómo te llamas? 2. Tú vives cerca de aquí, ¿verdad? 3. ¡Por Dios! ¿Por qué traes tantas maletas? 4. ¿Quién es? ¿Tomás o Pedro? 5. ¡Carlos! ¡Ven aquí inmediatamente!

GRAMMAR SECTION 62. *EJERCICIO A.* 1. viajaré / viviré 2. encontrarán / iremos 3. vendrás 4. tendrán / podrán 5. llamaré / diré *EJERCICIO B.* 1. Ellos se quejarán ... harán ... 2. ¿Habrá ... 3. ... pondrás ... 4. Saldré ... podré quedarme ... 5. Tendremos ... *EJERCICIO C. (Possible answers)* 1. ... gastarás mucho dinero. 2. ... saldrás bien en el examen. 3. ... yo te haré una paella estupenda. 4. ... nosotros sabremos qué les pasó. 5. ... pronto podrás hacer otro viaje a México. 6. ... querrá ir también.

GRAMMAR SECTION 63. *EJERCICIO A.* 1. Vendrán quince o veinte personas. 2. Ganarán unos cuatro dólares por hora. 3. Se despertarán tarde. 4. Estudiará para médico. 5. Saldrán para Europa en agosto. 6. Nos veremos en el cine. 7. Tendrá que mudarse. *EJERCICIO B.* 1. Su padre tendrá mucho dinero. 2. El tren llegará tarde. 3. ¿Quién sabrá su dirección? 4. ¿Dónde estará a estas horas de la noche? 5. ¿Quién será esa chica? 6. Serán las cuatro, por lo menos. 7. No podrán pagar al contado.

GRAMMAR SECTION 64. *EJERCICIO A.* 1. bajarían 2. sabría 3. querrías 4. podría 5. haría 6. seríamos 7. dirías 8. pondríamos *EJERCICIO B.* 1. Dijo que vendría a las doce. 2. Dijo que pasaría por nosotros a las diez. 3. Dijo que no podría volver a tiempo. 4. Dijo que saldrían (saldríamos) por la noche. 5. Dijo que no habría ningún problema en buscarnos. 6. Dijo que no querría comer nada. 7. Dijo que nos divertiríamos muchísimo. *EJERCICIO C.* 1. ¿Pagarías tú tanto dinero por ese coche? 2. ¿Te casarías con Patricia? 3. ¿Te gustaría volver a Europa? 4. ¿Te enojarías por una cosa tan insignificante? 5. ¿Saldrías de vacaciones en febrero? 6. ¿Podrías darme veinte dólares? 7. ¿Te harías miembro de ese club? *EJERCICIO D.* 1. ¿Cómo dirías esto en español? 2. Tendría que usar mi tarjeta de crédito. 3. Dijeron que se mudarían a otra ciudad. 4. Dijo que no podría visitarnos este año. 5. ¿Quién sería esa mujer? 6. El tren llegaría tarde. 7. Cuando yo era joven, íbamos a la playa todos los veranos.

ADAPTACIÓN DEL DIÁLOGO. hispanoamericana / economía / había / pluriempleo / podían / un // parecería / era / viviría / casaría / buscaría (compraría) / tendría / tendría / por // sueldos / había / peor / baja / media // perezoso / existía / pagaba / dedicarse

UN POCO DE TODO. *EJERCICIO A.* 1. No vendrá hasta fines de diciembre. 2. En el año 2050 ya no habrá guerras. 3. Espero que Uds. vengan a verme el año que viene. 4. No conozco a esas señoras. ¿Quiénes serán? 5. El próximo año podré comprar mi propia casa. 6. Antonio duda que Alicia quiera trabajar mañana. *EJERCICIO B.* 1. Encontrará otro puesto fácilmente. 2. No vendrán. 3. Alguien sabrá su dirección. 4. Dirían que no. 5. Dijeron que tendría resfriado. 6. Pensé que estaría enfermo. 7. Se pondría muy alegre.

REPASO DE VERBOS: hablar: yo: hablé / hablaba / hablaré / habla Uds.: hablaron / hablaban / hablarán / no hables comer: yo: comí / comía / comeré / come Uds.: comieron / comían / comerán / no comas dar: yo: di / daba / daré / da Uds.: dieron / daban / darán / no des decir: yo: dije / decía / diré / di Uds.: dijeron / decían / dirán / no digas estar: yo: estuve / estaba / estaré / está Uds.: estuvieron / estaban / estarán / no estés hacer: yo: hice / hacía / haré / haz Uds.: hicieron / hacían / harán / no hagas ir: yo: fui / iba / iré / ve Uds.: fueron / iban / irán / no vayas oir: yo: oí / oía / oiré / oye Uds.: oyeron / oían / oirán / no oigas pedir: yo: pedí / pedía / pediré / pide Uds.: pidieron / pedían / pedirán / no pidas poder: yo: pude / podía / podré / puede Uds.: pudieron / podían / podrán / no puedas poner: yo: puse / ponía / pondré / pon Uds.: pusieron / ponían / pondrán / no pongas querer: yo: quise / quería / querré / quiere Uds.: quisieron / querían / querrán / no quieras saber: yo: supe / sabía / sabré / sabe Uds.: supieron / sabían / sabrán / no sepas seguir: yo: seguí / seguía / seguiré / sigue Uds.: siguieron / seguían / seguirán / no sigas ser: yo: fui / era / seré / sé Uds.: fueron / eran / serán / no seas tener: yo: tuve / tenía / tendré / ten Uds.: tuvieron / tenían / tendrán / no tengas traer: yo: traje / traía / traeré / trae Uds.: trajeron / traían / traerán / no traigas venir: yo: vine / venía / vendré / ven Uds.: vinieron / venían / vendrán / no vengas

CAPÍTULO 16

VOCABULARIO: PREPARACIÓN. EJERCICIO A. 1. puro / bella 2. población 3. ritmo 4. densa 5. recorrimos 6. madrugaste 7. encanta 8. transportes 9. autopista 10. vacas *EJERCICIO B.* 1. ranchero 2. vaquero 3. campesinos / fincas *EJERCICIO C.* 1. hora 2. veces 3. vez / tiempo 4. rato 5. veces 6. hora 7. rato 8. tiempo

PRONUNCIACIÓN. 1. *No.* 2. y 3. *English* t *is aspirated and alveolar; Spanish* t *is unaspirated and dental.* 4. f / m / ch 5. *No.* 6. r / rr 7. ciudad [syu-] / cuidado [kwi-] 8. *No sound.* H *is always silent.*

GRAMMAR SECTION 65. EJERCICIO A. 1. preparado 2. salido 3. recorrido 4. abierto 5. roto 6. dicho 7. puesto 8. muerto 9. visto 10. vuelto *EJERCICIO B.* 1. cerrada 2. cometido 3. escritas 4. rota 5. lavada / puestos 6. hechos 7. descubierta 8. abiertas

GRAMMAR SECTION 66. EJERCICIO A. 1. han madrugado 2. has comido 3. he vivido 4. hemos vuelto 5. han muerto 6. hemos roto 7. he puesto 8. han caído *EJERCICIO B.* 1. ¿Has leído el periódico últimamente? 2. ¿Te has acostado tarde últimamente? 3. ¿Te has sentido mal últimamente? 4. ¿Has visto una buena película últimamente? 5. ¿Has vuelto a Madrid últimamente? 6. ¿Has roto algo últimamente? 7. ¿Has dicho una mentira últimamente? 8. ¿Has hecho un viaje a México últimamente? *EJERCICIO C.* 1. ¿Ya han terminado su trabajo? Sí, acaban de terminar. 2. ¿Ya han pagado Uds. las facturas? Sí, acabamos de pagarlas. 3. ¿Ya te has bañado? Sí, acabo de bañarme.

GRAMMAR SECTION 67. EJERCICIO A. 1. había puesto 2. habían leído 3. había lavado 4. había recorrido 5. había descubierto 6. habían ido 7. habíamos roto 8. habías visto 9. habían abierto 10. habían dicho 11. habíamos cerrado 12. habían sido *EJERCICIO B.* 1. habían salido 2. había graduado 3. había visto 4. se había levantado 5. había cerrado 6. había regresado 7. había comido *EJERCICIO C.* 1. Decidimos no ir porque ya habíamos gastado todo nuestro dinero. 2. Me dijo que los había encontrado en una tienda del centro. 3. María me contó que su mamá la había comprado. 4. Sí, los terminó aquí, pero antes había asistido a la Universidad de Guadalajara. 5. Sí, dijo que había madrugado esta mañana. 6. Yo no supe que tú habías estado allí ese año hasta ayer.

ADAPTACIÓN DEL DIÁLOGO. hispanoamericano / ha / finca / encanta / nació / vivió / hecho / cambiada // preparado / las / estarán / cuatro / autopistas (carreteras) / caminos / malas // importa / le / campo / fines / ciudad / públicos / trabajo / contaminado / ritmo / amontonadas // había / lo / que / enriquecido / campesinos / pagado // acostarse / madrugar / preocupe / por

UN POCO DE TODO. EJERCICIO A. 1. Nosotros llegamos a las nueve, pero Rita no ha venido todavía. 2. Ella salió bien en todos sus exámenes, pero Juan no ha tomado ninguno todavía. 3. Antonio ya almorzó, pero Isabel no ha comido nada. 4. A María le pagaron cincuenta dólares, pero a mí no me han dado nada. 5. Ellos vivieron muchos años en el campo, pero nosotros nos hemos quedado siempre en la ciudad. *EJERCICIO B.* 1. No, Pedro no ha vuelto todavía. 2. Sí, nunca hemos tenido que llevar tantas cosas como esta vez. 3. Sí, el aire nunca había estado tan contaminado como ese día. 4. Sí, pero en otros años, habían estado paralizadas por la nieve. 5. No, ella ya había muerto cuando llegué. *EJERCICIO C.* 1. No, no lo he comprado todavía. Pues, cómpralo. Yo creí que ya lo habías comprado. 2. No, no lo he llamado todavía. Pues, llámalo. Yo creí que ya lo habías llamado. 3. No, no les he escrito todavía. Pues, escríbeles. Yo creí que ya les habías escrito. 4. No, no las he abierto todavía. Pues, ábrelas. Yo creí que ya las habías abierto. 5. No, no la he hecho todavía. Pues, hazla. Yo creí que ya la habías hecho. 6. No, no la he puesto todavía. Pues, ponla. Yo creí que ya la habías puesto. *EJERCICIO D*. 1. era 2. se anunció 3. habían cruzado 4. se escaparon 5. Viajaron 6. llegaron 7. tuvo 8. tomó 9. había venido 10. pasó 11. pudo 12. empezó 13. estaban 14. habían desaparecido 15. murió 16. tuvo 17. pensaban 18. había desaparecido

CAPÍTULO 17

VOCABULARIO: PREPARACIÓN. *EJERCICIO A*. 1. ascensor / escaleras 2. piso 3. portero 4. vecinos 5. luces 6. inquilinos / gas 7. piscina 8. alquilar 9. vista *EJERCICIO B*. 1. cocina / comedor 2. baño 3. alcoba 4. entrada 5. patio 6. sala 7. balcón (terraza) 8. garaje

PRONUNCIACIÓN. 1. *Next-to-the last*. 2. *Last*. 3. *To show which syllable is stressed, if the word does not follow either of the two basic rules for stress*. 4. *Apply rules 1, 2, and 3*. *EJERCICIO B*. 2. dejábamos 6. preparación 9. eléctrico 10. sillón 12. interés 15. comiéndolos 16. economía 17. económico 18. crédito 19. alemán

GRAMMAR SECTION 68. *EJERCICIO A*. 1. hayamos encontrado 2. haya vivido 3. te hayas dormido 4. hayan buscado 5. se hayan sentado 6. hayamos roto *EJERCICIO B*. 1. ... hayan arreglado ... 2. ... hayan vuelto ... 3. ... hayan alquilado ... 4. ... hayan escrito ... 5. ... se hayan quejado ... 6. ... haya habido ... *EJERCICIO C*. 1. Ojalá que haya venido. 2. Sí, y siento que se hayan mudado. 3. No sé. Espero que lo hayan comprado. 4. Sí, y me alegro que los haya conocido. 5. No, no creo que la hayan arreglado. 6. Sí, es probable que lo hayamos perdido. 7. No sé. Es posible que la haya vendido.

GRAMMAR SECTION 69. *EJERCICIO A*. 1. Quieren una casa que tenga terraza. 2. Necesitan una secretaria que sepa alemán. 3. Queremos una profesora que no se enoje y que nunca llegue tarde. 4. No hay nadie aquí que conozca a María Rosa. 5. No hay ningunos zapatos que me gusten. 6. No viene ninguno que traiga su propia comida. 7. Buscamos un joven que dé clases de guitarra. *EJERCICIO B*. 1. viven en el centro. 2. sepa hablar francés. 3. me encantan. 4. sean cómodos. 5. cueste menos. 6. no haga su tarea. 7. me interese. *EJERCICIO C*. 1. No hay ninguna clase de biología que empiece a las ocho. 2. Aquí no hay nadie que baile bien. 3. Hay alguien que se sienta aquí. 4. ¿Hay alguien que quiera acompañarme? 5. No hay nadie que se acuerde de la hora. 6. En nuestra familia no hay nadie que madrugue. *EJERCICIO D*. 1. Yo no conozco a nadie que vaya. 2. Hay alguien aquí que quiere verte. 3. Nadie aquí tiene tiempo y no hay nadie que tenga ganas, tampoco. 4. Necesito un apartamento que tenga ascensor. 5. No hay nadie aquí que la conozca.

GRAMMAR SECTION 70. *EJERCICIO A*. 1. Vamos al hotel para que tú descanses. 2. No iremos sin que ellos llamen primero. 3. Te veré antes que tú te vayas. 4. Escribiré la dirección para que Uds. no se equivoquen. *EJERCICIO B*. 1. quiera venir / no sepa nuestra dirección / esté trabajando en el patio. 2. le dé permiso / le diga que sí / vuelva a tiempo. 3. llueva / sea tarde / empiece a nevar. *EJERCICIO C*. 1. Limpia el apartamento antes de irte. 2. Limpie el apartamento antes (de) que nos vayamos. 3. Yo puedo ir con tal que tú vayas también. 4. Despiértame en caso de que esté durmiendo. 5. No nos despediremos a menos que Uds. prometan volver. 6. Siéntate para comer. 7. Siéntense para que podamos comer.

ADAPTACIÓN DEL DIÁLOGO. *PARTE A*. conversando / le / hayan / ruido / ha / barato / trabajo / matriculado / buscar / esté // vaya / construido / tal / sea / le *PARTE B*. portero / tenga / alcobas / primer / barato / ascensor / le / subir / trabajar / seguida / al / adelantado / inquilino *PARTE C*. esposo / le / caro / quedarse / alquiler

UN POCO DE TODO. *EJERCICIO A*. 1. Yo no conozco a nadie que no haya visto esa película. 2. Rafael necesita a alguien que lo lleve al centro. 3. Nosotros tenemos un apartamento que es amplio. 4. Tú no vas a hacerlo bien a menos que sigas mis instrucciones. 5. Es preciso que ellos lo hagan antes de salir. 6. Estoy seguro que no ha venido nadie. 7. Es mejor que lo llames para que sepa dónde estamos. *EJERCICIO B*. 1. No, no creo que la hayan visto. 2. No, no creo que la hayan traído. 3. No, no creo que los haya hecho. 4. No, no creo que lo hayan resuelto. 5. No, no creo que las hayan arreglado. 6. No, no creo que se la hayan explicado. *EJERCICIO C*. 1. está en el centro / pueda llegar 2. le guste / me interese / prefiere / pueda llevar 3. dicho / llamemos / dé *EJERCICIO D*. Este verano mi familia piensa ir a las montañas por una semana. Le he pedido a mi mejor amiga, Patricia, que vaya con nosotros. Me ha dicho que le gustaría ir a menos que su familia vaya a visitar a sus abuelos durante esa semana. // Esperamos salir el trece de agosto con tal que mis padres hayan terminado un libro que están escribiendo. A todos nosotros nos encanta ir a las montañas. No hay nadie en nuestra familia que no se divierta allí.

CAPÍTULO 18

VOCABULARIO: PREPARACIÓN. *EJERCICIO A*. 1. crucé / aduanas / pasaporte / declarar / derechos / iba / viajera / nacionalidad / pedirle / registrarla / multa *EJERCICIO B*. 1. taquilla 2. llegada 3. litera 4. maletero 5. de ida y vuelta 6. horario 7. andén *EJERCICIO C*. 1. pensión

2. desocupada 3. reservar 4. recepción 5. con anticipación 6. botones / propina 7. confirmar 8. huéspedes 9. ducha 10. cambiar de

PRONUNCIACIÓN. 1. [s] 2. qu 3. [h] 4. gu 5. a 6. b, v 7. s, c, z 8. y, ll 9. c 10. ce= c, que=a, cue=b 11. lápices / actrices 12. busqué / pagué / aterricé 13. toque / llegue / almuerce 14. leyó / leyendo / leíste // oyó / oyendo / oíste

GRAMMAR SECTION 71. *EJERCICIO A.* 1. Saldremos aunque sea tarde. 2. No hablaré con él aunque me llame tres veces. 3. No se acostará temprano aunque se lo digas mil veces. 4. Querrá salir aunque sus padres se lo prohíban. 5. Se divertirá aunque no haya otros jóvenes allí. 6. Se quedará dormido aunque hagamos mucho ruido. 7. Subirá las maletas aunque no le des propina. *EJERCICIO B.* 1. Aunque paguemos derechos ... 2. Aunque pagamos derechos ... 3. Aunque te guste ... 4. Aunque te gusta ... 5. Aunque no te acuerdes ... 6. Aunque no te acuerdas ...

GRAMMAR SECTION 72. *EJERCICIO A.* 1. Comeremos en cuanto vuelva mi padre. 2. Les entregaré los papeles después de que me los pidan. 3. El botones subirá el equipaje tan pronto como le den la llave. 4. José nos avisará cuando lleguen a casa. 5. No podré manejar hasta que obtenga mi licencia. 6. Regresarán tan pronto como hagan los arreglos necesarios. *EJERCICIO B.* 1. Elena hará el viaje en cuanto reciba el telegrama. 2. Ellos no se casarán hasta que encuentren casa. 3. Roberto nos avisará tan pronto como sepa los resultados. 4. Mario vendrá a buscarnos después de que vuelva su hermano. 5. Mi hermana y yo iremos a México cuando nos graduemos. 6. Yo me bañaré en cuanto el baño esté desocupado. *EJERCICIO C.* 1. Llámame cuando el baño esté desocupado. 2. Avísame tan pronto como recibas noticias de ellos. 3. El botones subió nuestro equipaje después de que llegamos. 4. Los llamaremos después de llegar. 5. Podemos salir después de que el inspector revise nuestro equipaje. 6. Te esperaré hasta que vuelvas.

GRAMMAR SECTION 73. *EJERCICIO A.* 1. el mío. 2. el suyo. 3. los nuestros. 4. la suya 5. la suya 6. las mías 7. las suyas *EJERCICIO B.* 1. Son unos libros míos. 2. Vinieron unos amigos tuyos. 3. Son unos trajes suyos. 4. Vendrá una vecina nuestra. 5. Llamó un profesor tuyo. 6. Esperan a unos parientes suyos. *EJERCICIO C.* 1. No, no es suya. Es mía. 2. No, no son tuyos (suyos). Son míos. 3. No, no es suya. Es mía. 4. No, no son suyas. Son mías. 5. No, no son suyas. Son mías. 6. No, no es suya. Es mía. *EJERCICIO D.* 1. Es un primo mío. 2. Son amigos nuestros. 3. Somos vecinos suyos. 4. ¿Eres (es) amigo suyo? 5. Este pasaporte no es mío. Es tuyo (suyo).

ADAPTACIÓN DEL DIÁLOGO. PARTE A. viajera / da / contiene / uso / declarar // abra / registre / demore / pronto / seguir / salida / tenga / derechos // registrar / encontrar PARTE B. para / tarde / ningún / huelga / encontrarle / esperar PARTE C. ganas / cuanto / cansadísima / debe / propina / espere / confirme / quedarse // comodidades / anticipación / desocupados

UN POCO DE TODO. *EJERCICIO A.* 1. Mañana José se acostará temprano aunque tenga mucho trabajo. 2. Yo no contesté el teléfono anoche aunque me llamó muchas veces. 3. El próximo domingo iremos a la playa aunque no haga calor. 4. Ellos no han dormido pero dormirán más tarde después de que lleguen al hotel. 5. Diles que vengan a verme mañana en cuanto terminen su trabajo. 6. Saldré para Madrid tan pronto como el hotel confirme mi habitación. 7. No conoces a mi novia ahora, pero vas a conocerla cuando venga mañana por la noche. *EJERCICIO B.* 1. No podré cambiarme de ropa hasta que llegue mi equipaje. 2. Saldrán de la aduana en cuanto paguen la multa. 3. Reservarán una habitación cuando compren sus billetes. 4. Les registrarán las maletas tan pronto como vean las tres cámaras. 5. Después de que aterricen se pondrán muy contentos. *EJERCICIO C.* ANA: ¿A qué hora llega el avión de Felipe? CARLOS: A las cinco menos cuarto. Dije que lo encontraríamos a la salida. ANA: No tenemos que apurarnos. Siempre demoran mucho en la aduana. ¿Podemos ir en tu coche? El mío no arranca. Además, el tuyo es más grande. CARLOS: Cómo no. Tan pronto como lleguemos al aeropuerto, ve a buscarlo mientras que yo estaciona el coche. ANA: No te preocupes. Lo encontraré a menos que haya cambiado mucho desde que lo vimos la última vez. CARLOS: Vamos, para que Felipe no tenga que esperar solo. ANA: Muy bien. Tan pronto como (En cuanto) busque mi bolsa.

CAPÍTULO 19

VOCABULARIO: PREPARACIÓN. *EJERCICIO A.* 1. emigraron 2. refugiados 3. patria 4. bilingües / idiomas 5. acostumbrarse / costumbres 6. por necesidad 7. dejar / bienes 8. añoran / tierra natal 9. establecerse 10. raíces *EJERCICIO B.* 1. Era médico. 2. Después de la revolución de Fidel Castro. 3. Sólo la ropa que tenían puesta. 4. Algunos obstáculos fueron el idioma, encontrar trabajo y la cultura diferente. 5. Tuvo que trabajar en una fábrica. 6. Comían (arroz) congrí, lechón asado, plátanos fritos, pasta de guayaba y tomaban café expreso. 7. Se han acostumbrado y son ciudadanos de los Estados Unidos. *EJERCICIO C.* 1. pero 2. sino 3. pero 4. sino 5. sino 6. sino 7. pero 8. sino

PRONUNCIACIÓN. 1. *No difference.* 2. *English* 3. *Spanish* 4. *English* 5. *Voice falls.* 6. *Voice*

rises. 7. *Voice falls*. 8. Pilar

GRAMMAR SECTION 74. *EJERCICIO A.* 1. aprendieron / aprendiera 2. decidieron / decidiera 3. sentaron / sentaras 4. jugaron / jugaras 5. quisieron / quisieras 6. hicieron / hiciera 7. tuvieron /
tuviera 8. pusieron / pusiera 9. trajeron / trajéramos 10. vinieron / viniéramos 11. siguieron /
siguiéramos 12. dieron / dieran 13. fueron / fueran 14. vieron / vieran *EJERCICIO B.* 1. aprendiera / almorzara / empezara / hiciera 2. pudieras / recordaras / estuvieras / vinieras 3. desper-
táramos / pusiéramos / nos sentáramos / viéramos 4. ofrecieran / dieran / dijeran / consiguieran
EJERCICIO C. 1. Te dije que no te preocuparas. 2. Dudaba que vinieran esa noche. 3. Era preciso
que no se equivocaran. 4. Buscábamos una casa que costara menos. 5. Compró los billetes antes de
que saliéramos. 6. Hizo todo lo posible para que estuviéramos cómodos. 7. Salimos en cuanto nos
avisaron. 8. Compraron una casa cuando obtuvieron trabajo. 9. Nos llamaron cuando llegaron.
EJERCICIO D. 1. Dije que iría. / Te dije que fueras. 2. Dije que lo haríamos. / Les dije que lo
hicieran. 3. Me dijo que se despediría. / Nos dijo que nos despidiéramos. 4. Les dije que volvería
pronto. / Les dije que volvieran pronto.

GRAMMAR SECTION 75. *EJERCICIO A.* 1. Si yo no fuera, se enojarían. 2. Si ellos me hicieran eso, me
quejaría al jefe. 3. No estaría listo si vinieras muy temprano. 4. Yo no iría si tú no me acompa-
ñaras. 5. El no se acostumbraría si no supiera el idioma. 6. No podría mantener a su familia si
no encontrara trabajo. 7. No volvería a Buenos Aires si no tuviera familia allí. *EJERCICIO B.*
1. conociera a todo el mundo 2. fuera millonario 3. trabajara todo el día 4. los viéramos todo
el tiempo 5. vinieran todo el tiempo 6. fuera siempre *EJERCICIO C.* 1. Si yo quisiera perder
peso, comería menos y haría ejercicios. 2. Si yo quisiera salir con María, la llevaría a comer (la
invitaría al teatro). 3. Si yo supiera hablar francés muy bien, iría a Europa. 4. Si yo acabara de
recibir una herencia de diez mil dólares, los pondría en el banco (los gastaría en comprar un coche).
5. Si yo tuviera que lavar el coche antes de las seis, empezaría ahora.

GRAMMAR SECTION 76. *EJERCICIO A.* 1. Si tengo tiempo, leeré el periódico. 2. Si tuviera tiempo,
leería el periódico. 3. Si tenía tiempo, leía el periódico. 4. Si puedo, iré por la noche. 5. Si
pudiera, iría por la noche. 6. Si podía, iba por la noche. 7. Carlos quiere salir conmigo.
8. Carlos quiere que salga con él. 9. Carlos quería que saliera con él. *EJERCICIO B.* tenía / haría /
fuera / pasaran / acabara / tocaron / iría / encontraría / terminé / era / decidí / llamé / podía
(podría) / saliera // tuviera / encantaría

ADAPTACIÓN DEL DIÁLOGO. *PARTE A.* puertorriqueña / gustaría / pone / había / dicho / a / traigan /
hacían / estuvieran *PARTE B.* por / preocupe / preparando / estará / tiene / los *PARTE C.* nieta /
prefiere / pudiera / finca / emigrar / sino / aunque / otra / nació / patria

UN POCO DE TODO. *EJERCICIO A.* 1. tuviera / tenga / tendrá 2. llegáramos / llegamos / lleguemos
3. iba / fuera / vayan 4. conocí / conozcas (hayas conocido) / conocieras *EJERCICIO B.* 1. Pepe
quería que Gloria le trajera sus llaves. 2. Ana quería que Carla le dijera la verdad. 3. Carlos
quería que Tomás le hiciera una taza de café. 4. Antonio quería que Raquel no volviera tarde.
5. David quería que Miguel se acostara temprano. 6. Rita quería que Ernesto no se enojara tanto
y que fuera más paciente. *EJERCICIO C.* llamó / ayudara / pidió / hiciera / trajera / supiera /
gustaba / estuviera / recomendó / vinieran / pudieran / volviera / se divirtieran / sintieran

DIVERSIÓN. LOS MARTES NO TE CASES NI TE EMBARQUES.

REPASO DE VERBOS: vivir: yo: he/había vivido / viviría / viviera Uds.: han/habían vivido /
vivirían / vivieran dar: yo: he/había dado / daría / diera Uds.: han/habían dado / darían /
dieran decir: yo: he/había dicho / diría / dijera Uds.: han/habían dicho / dirían / dijeran
estar: yo: he/había estado / estaría / estuviera Uds.: han/habían estado / estarían / estuvieran
hacer: yo: he/había hecho / haría / hiciera Uds.: han/habían hecho / harían / hicieran ir: yo:
he/había ido / iría / fuera Uds.: han/habían ido / irían / fueran oír: yo: he/había oído /
oiría / oyera Uds.: han/habían oído / oirían / oyeran pedir: yo: he/había pedido / pediría /
pidiera Uds.: han/habían pedido / pedirían / pidieran poder: yo: he/había podido / podría /
pudiera Uds.: han/habían podido / podrían / pudieran poner: yo: he/había puesto / pondría /
pusiera Uds.: han/habían puesto / pondrían / pusieran querer: yo: he/había querido / querría /
quisiera Uds.: han/habían querido / querrían / quisieran saber: yo: he/había sabido / sabría /
supiera Uds.: han/habían sabido / sabrían / supieran seguir: yo: he/había seguido / seguiría /
siguiera Uds.: han/habían seguido / seguirían / siguieran sentir: yo: he/ había sentido /
sentiría / sintiera Uds.: han/habían sentido / sentirían / sintieran ser: yo: he/había sido /
sería / fuera Uds.: han/habían sido / serían / fueran tener: yo: he/había tenido / tendría /
tuviera Uds.: han/habían tenido / tendrían / tuvieran traer: yo: he/había traído / traería /
trajera Uds.: han/habían traído / traerían / trajeran venir: yo: he/había venido / vendría /
viniera Uds.: han/habían venido / vendrían / vinieran ver: yo: he/había visto / vería / viera
Uds.: han/habían visto / verían / vieran

EN EL EXTRANJERO: PALABRAS ÚTILES. 1. el correo / una tabacalera 2. la farmacia 3. una tabacalera 4. un bar / un café 5. un sobre 6. un quiosco 7. una papelería 8. una pastelería

PREPARACIONES PARA UN AÑO EN EL EXTRANJERO. contentísima / España / tiempo / ven / ganas // pensión /
Moncloa / golosa / metro / paradas // incluidas / habitación / casera (riquísima) / le // traiga /
hacer / octubre / invierno / infierno // traiga / eléctrico / corriente / necesite / tenga / podrá /
mediodía // avise / buscarla / manda / afectuoso

ABOUT THE AUTHORS . . .

Oswaldo Arana is Professor of Spanish at California State University, Fullerton, where he specializes in Spanish American culture and literature, and serves as Foreign Language Graduate Program Coordinator. He received the Ph.D. in Spanish from the University of Colorado. Professor Arana has taught at the University of Colorado, the University of Florida (Gainesville), and at several NDEA summer institutes. He served as a language consultant for the first edition of *A-LM Spanish*, and is co-author of *Reading for Meaning—Spanish* and of several articles on Spanish American narrative prose.

Alice A. Arana is a Lecturer in Spanish at California State University, Fullerton. She received the M.A.T. from Yale University, and the Certificate of Hispanic Studies from the University of Madrid. Professor Arana has taught Spanish at the elementary and high school levels, and has taught methodology at several NDEA summer institutes. She is co-author of the first edition of *A-LM Spanish*, of *Reading for Meaning—Spanish*, and of several elementary school guides for the teaching of Spanish.